Reiner Kunze

Die wunderbaren Jahre
Prosa

Ausgewählte Gedichte

S. Fischer Verlag

© 1986 S. Fischer Verlag GmbH, Frankfurt am Main
Die Auswahl der Gedichte besorgte der Autor
Satz und Druck: Wagner GmbH, Nördlingen
Einband: G. Lachenmaier, Reutlingen
Printed in Germany 1986
ISBN 3-10-042009-8

Die wunderbaren Jahre

Prosa

Weil unser einziges
nest unsere flügel sind
Erik Lindegren

Friedenskinder

SECHSJÄHRIGER

Er durchbohrt Spielzeugsoldaten mit Stecknadeln.
Er stößt sie ihnen in den Bauch, bis die Spitze aus
dem Rücken tritt. Er stößt sie ihnen in den Rücken,
bis die Spitze aus der Brust tritt.
Sie fallen.
»Und warum gerade diese?«
»Das sind doch die andern.«

SIEBENJÄHRIGER

In jeder Hand hält er einen Revolver, vor der Brust
hat er eine Spielzeugmaschinenpistole hängen.
»Was sagt denn deine Mutter zu diesen Waffen?«
»Die hat sie mir doch gekauft.«
»Und wozu?«
»Gegen die Bösen.«
»Und wer ist gut?«
»Lenin«
»Lenin? Wer ist das?«
Er denkt angestrengt nach, weiß aber nicht zu ant-
worten.
»Du weißt nicht, wer Lenin ist?«
»Der Hauptmann.«

ACHTJÄHRIGER

»Sie waren aus P., und wir bekamen den Zeltplatz neben ihnen zugewiesen«, sagte der Mann aus W. »Wir brauchten uns nur zu zeigen – schon wurden wir von dem Jungen im Nachbarzelt mit einer Spielzeug- pistole beschossen. Als unsere beiden Jungs ihn zur Rede stellten, sagte er, sein Vater habe gesagt, wir seien Feinde – und sofort zog er sich wieder in den Zelteingang zurück und eröffnete das Feuer auf sie. Unsere Jungs waren schnell damit fertig: Der spinnt. Ich muß Ihnen aber sagen, als ich nach acht Tagen noch immer nicht ins Auto steigen konnte, ohne eine Mündung auf mich gerichtet zu sehen, ging mir das auf die Nerven.«

NEUNJÄHRIGE

Pfarrer:	Sagen wir, es käme ein Onkel aus Amerika . . .
Erster Schüler:	Gibt's ja nicht. Der wird doch gleich von den Panzern erschossen. (Mit der Geste eines Maschinenpistolenschützen) Eeng – peng – peng – peng! (Die anderen Schüler lachen.)
Pfarrer:	Aber wieso denn?
Erster Schüler:	Amerikaner sind doch Feinde.
Pfarrer:	Und Angela Davis? Habt ihr nicht für Angela Davis eine Wandzeitung gemacht?
Erster Schüler:	Die ist ja keine Amerikanerin. Die ist ja Kommunistin.
Zweiter Schüler:	Gar nicht, die ist Neger.

ELFJÄHRIGER

»Ich bin in den Gruppenrat gewählt worden«, sagt der Junge und spießt Schinkenwürfel auf die Gabel. Der Mann, der das Essen für ihn bestellt hat, schweigt. »Ich bin verantwortlich für sozialistische Wehrerziehung«, sagt der Junge.
»Wofür?«
»Für sozialistische Wehrerziehung.« Er saugt Makkaroni von der Unterlippe.
»Und was mußt du da tun?«
»Ich bereite Manöver vor und so weiter.«

ZWÖLFJÄHRIGER

»Beinahe hätte ich Pistolenschießen gelernt, aber richtig, auf dem Schützenhof. Du kannst mit der Straßenbahn bis hin fahren, hat der Offizier gesagt. Der kam mitten in der Russischstunde, auf einmal ging die Tür auf, und er hat gefragt, wer gern Pistole schießen möchte ... Ich habe mich als erster gemeldet, bloß – ich habe ein paar Impulse zuviel ... Da mußt du fünfzehn Sekunden ausatmen und die Pistole mit gestrecktem Arm in ein Loch halten, und dann können die genau ablesen, wieviel Impulse du hast. Aber was denkst du, wie schwer so ein Ding ist! Ein Kilo und dreihundert Gramm ... Und einer hat Pech gehabt, sage ich dir. Der hatte ganz wenig Impulse, das wäre was ganz Seltenes, und weißt du was? Der hatte eine zu kleine Hand, der kam mit dem Finger nicht an den Abzug.«

SCHIESSBEFEHL

»Ich fahre zum Vater, sagt er, nimmt das Motorrad,
und ich denke, warum kommt er denn nicht wieder,
wo der bloß bleibt, langsam werde ich unruhig, da
kommen die und sagen, ich soll nach P... kommen,
er hat über die Grenze gewollt, und sie haben ihn
erwischt. Also bin ich mit dem nächsten Zug nach
P... gefahren, er hat schon gestanden, sagen sie,
und als ich mich nicht mehr beherrschen konnte und
mir die Tränen kamen, haben sie gesagt, machen Sie
sich keine Sorgen, gute Frau, Ihr Gerhard lebt, er hat
gut gegessen, und jetzt schläft er. Und wenn's wäh-
rend der Armeezeit gewesen wäre, wär's schlimmer.
Er hatte doch gerade erst seinen Facharbeiter mit
Abitur gemacht, und am Montag sollte er einrük-
ken ... Und dann, am Montagnachmittag, kommen
die von hier und sagen, ich soll am Dienstag nach
P... kommen. Ich backe einen Kuchen, kaufe ein,
und dann sagen sie mir in P..., ob ich denn nichts
wüßte, ob denn unsere nichts gesagt hätten, er hat
sich erhängt. Mit der Unterhose. Und sie hätten ihm
einen Zettel gegeben, ob er mir nicht ein paar Worte
schreiben wollte, aber er hätte abgelehnt. Wie er mir
das hat antun können ... Und sehen darf ich ihn
nicht, nur noch kurz vor der Feier, die im Gefängnis
stattfindet. Aushändigen können sie mir nur die
Urne.«

Federn

CLOWN, MAURER ODER DICHTER

Ich gebe zu, gesagt zu haben: Kuchenteller. Ich gebe ebenfalls zu, auf die Frage des Sohnes, ob er allen Kuchen auf den Teller legen solle, geantwortet zu haben: allen. Und ich stelle nicht in Abrede, daß der Kuchen drei Viertel der Fläche des Küchentischs einnahm. Kann man denn aber von einem zehnjährigen Jungen nicht erwarten, daß er weiß, was gemeint ist, wenn man Kuchenteller sagt? Das Händewaschen hatte ich überwacht, und dann war ich hinausgegangen, um meine Freunde zu begrüßen, die ich zum Kartoffelkuchenessen eingeladen hatte. Frischer Kartoffelkuchen von unserem Bäcker ist eine Delikatesse.

Als ich in die Küche zurückkehrte, kniete der Sohn auf dem Tisch. Auf einem jener Kuchenteller, die nur wenig größer sind als eine Untertasse, hatte er einen Kartoffelkuchenturm errichtet, neben dem der schiefe Turm zu Pisa senkrecht gewirkt hätte. Ich sparte nicht mit Stimme.

Ob er denn nicht sähe, daß der Teller zu klein sei.

Er legte sich mit der Wange auf den Tisch, um den Teller unter diesem völlig neuen Gesichtspunkt zu betrachten.

Er müsse doch sehen, daß der Kuchen nicht auf diesen Teller passe.

Aber der Kuchen passe doch, entgegnete er. Das

19

eine Blech lehnte am Tischbein, und auch das andere war fast leer.

Ich begann, mich laut zu fragen, was einmal aus einem Menschen werden solle, der einen Quadratmeter Kuchen auf eine Untertasse stapelt, ohne auch nur einen Augenblick daran zu zweifeln, daß sie groß genug sein könnte.

Da standen meine Freunde bereits in der Tür.

»Was aus dem Jungen werden soll?« fragte der erste, meine Worte aufnehmend. Er peilte den Turm an. »Der Junge offenbart ein erstaunliches Gefühl für Balance. Entweder er geht einmal zum Zirkus, oder er wird Maurer.«

Der zweite ging kopfschüttelnd um den Turm herum. »Wo hast du nur deine Augen?« fragte er mich. Erst jetzt entdeckte ich, daß die von mir geschnittenen Kuchenstücke geviertelt waren, als wären wir zahnlose Greise. Mein Freund sah die größeren Zusammenhänge. »Siehst du denn nicht, daß in dem Jungen ein Künstler steckt?« sagte er. »Der Junge hat Mut zum Niegesehenen. Er verknüpft die Dinge so miteinander, daß wir staunen. Er hat schöpferische Ausdauer. Vielleicht wird aus ihm sogar ein Dichter, wer weiß.«

»Eher ein richtiger oder ein genialer Soldat«, sagte der dritte, den ich jedoch sogleich unterbrach. »Soldat? Wieso Soldat?« fragte ich auf die Gefahr hin, dem Sohn die Wörter wieder abgewöhnen zu müssen, die zu erwarten waren, sobald sich dieser Freund seiner Armeezeit erinnerte. Er antwortete: »Ein richtiger Soldat, weil er auch den idiotischsten Befehl ausführt. Und ein genialer Soldat, weil er ihn so ausführt, daß das Idiotische des Befehls augenfällig wird. Ein Mensch wie er kann zum Segen der Truppe werden.«

Ich hoffte, der Sohn würde das meiste nicht verstanden haben. Am Abend hockte er sich jedoch zu Füßen seiner Schwester aufs Bett und fragte sie, was zu werden sie ihm rate: Clown, Maurer oder Dichter. Soldat zu werden, zog er nicht in Betracht, weil er es dann mit Vorgesetzten wie seinem Vater zu tun haben könnte.

Seitdem bedenke ich, wer bei uns zu Gast ist, bevor ich eines meiner Kinder kritisiere.

DIE FLAUMFEDER

Wir führten das Gespräch zweier Väter, die das Schicksal gleichermaßen fest in den Griff genommen hat: beide sind wir Väter von Töchtern. Da schwebte in den Schein der Küchenlampe eine Flaumfeder, und ich blickte Honza verwundert an. »Gott gibt ein Stichwort«, sagte er und begann zu erzählen:

»Eines Tages kommt die Tochter mitten aus dem Unterricht in die Bibliothek gelaufen und sagt: Du sollst bitte zum Direktor kommen, aber gleich.

Ich sage: Zum Direktor?

Es ist nicht wegen der Schule, sagt sie.

Weswegen dann?

Wegen der Gänse.

Wegen welcher Gänse?

Wegen der Gänse vom Hausmeister.«

Honza hob die Feder auf, die neben seinem Fuß niedergesunken war. »Du kennst diese gesprächige Art«, sagt er. »Für jedes Wort ein Bittgesuch.« Seine Augenbrauen, die wie Krähenflügel abstehen, begannen sich einzuschwingen, und er fuhr fort:

»Was ist mit den Gänsen? frage ich also.

Wir haben sie gefüttert, sagt sie.

Und weiter?

Ich wollte eben mal wissen, ob die das fressen . . .

Weil das doch auch aussieht wie Körner . . . Kann ich doch nichts dafür, wenn die so blöd sind . . .

Ich sage: Würdest du vielleicht die Güte haben, noch zu erwähnen, womit du sie gefüttert hast?

Na – mit Reißzwecken.«

Honza bemerkte die Schluckbewegung, die ich unwillkürlich machte, und sagte: »Auch ich habe mich damals den Gänsen näher gefühlt ... Für den Direktor aber zählte mein Verwandtschaftsgrad zur Tochter.

Wissen Sie, wie selten Hausmeister sind? fragt er mich, als hätte sie nicht die Gänse, sondern den Hausmeister mit Reißzwecken gefüttert. Und wissen Sie, was der Hausmeister für eine Schule bedeutet? fragt er weiter. Ich will es Ihnen erklären, sagt er. Ein Hausmeister ist so selten, daß diese Schule schon einmal ein Vierteljahr lang ohne Hausmeister gewesen ist, und er bedeutet für einen reibungslosen Schulbetrieb so viel, daß ich ein zweites Vierteljahr ohne Hausmeister nicht überleben werde. – Was sollte ich erwidern? – Damit Sie die Tragweite der Tat Ihrer Tochter voll ermessen können, sagt er schließlich, der Hausmeister trägt sich mit dem Gedanken zu kündigen.

Ich frage: Sind die Gänse denn gestorben?

Die eine hat heute morgen ununterbrochen den Kopf verdreht und mußte abgestochen werden, sagt der Direktor. Die restlichen vier werden im Laufe des Tages abgestochen werden müssen. Polnische Zuchtgänse. Import.

Ich sage: Sehen Sie denn eine Möglichkeit ...

Das mindeste ist, daß Sie die fünf Gänse kaufen, sagt er.« Honza drehte die Feder zwischen Daumen und Zeigefinger. »Aber das sind längst vergangene Zeiten, das war in der achten Klasse. Jetzt geht sie in die neunte.« Und in den Flaum blasend, fügte er hinzu: »Nur segelt manchmal so eine Feder vom Gardinenbrett und erinnert an die hoffnungsvollen Tage, da die Tochter noch von Wißbegier besessen war.«

Verteidigung
einer unmöglichen Metapher

Ich war elf, und später wurde ich
sechzehn. Verdienste erwarb ich
mir keine, aber das waren die
wunderbaren Jahre.
Truman Capote, Die Grasharfe

FÜNFZEHN

Sie trägt einen Rock, den kann man nicht beschreiben, denn schon ein einziges Wort wäre zu lang. Ihr Schal dagegen ähnelt einer Doppelschleppe: lässig um den Hals geworfen, fällt er in ganzer Breite über Schienbein und Wade. (Am liebsten hätte sie einen Schal, an dem mindestens drei Großmütter zweieinhalb Jahre gestrickt haben – eine Art Niagara-Fall aus Wolle. Ich glaube, von einem solchen Schal würde sie behaupten, daß er genau ihrem Lebensgefühl entspricht. Doch wer hat vor zweieinhalb Jahren wissen können, daß solche Schals heute Mode sein würden.) Zum Schal trägt sie Tennisschuhe, auf denen sich jeder ihrer Freunde und jede ihrer Freundinnen unterschrieben haben. Sie ist fünfzehn Jahre alt und gibt nichts auf die Meinung uralter Leute – das sind alle Leute über dreißig.

Könnte einer von ihnen sie verstehen, selbst wenn er sich bemühen würde? Ich bin über dreißig.

Wenn sie Musik hört, vibrieren noch im übernächsten Zimmer die Türfüllungen. Ich weiß, diese Lautstärke bedeutet für sie Lustgewinn. Teilbefriedigung ihres Bedürfnisses nach Protest. Überschallverdrängung unangenehmer logischer Schlüsse. Trance. Dennoch ertappe ich mich immer wieder bei einer Kurzschlußreaktion: Ich spüre plötzlich den Drang in mir, sie zu bitten, das Radio leiser zu stellen. Wie also könnte ich sie verstehen – bei diesem Nervensystem?

Noch hinderlicher ist die Neigung, allzu hochragende Gedanken erden zu wollen.

Auf den Möbeln ihres Zimmers flockt der Staub. Unter ihrem Bett wallt er. Dazwischen liegen Haarklemmen, ein Taschenspiegel, Knautschlacklederreste, Schnellhefter, Apfelstiele, ein Plastikbeutel mit der Aufschrift »Der Duft der großen weiten Welt«, angelesene und übereinandergestülpte Bücher (Hesse, Karl May, Hölderlin), Jeans mit in sich gekehrten Hosenbeinen, halb- und dreiviertel gewendete Pullover, Strumpfhosen, Nylon und benutzte Taschentücher. (Die Ausläufer dieser Hügellandschaft erstrecken sich bis ins Bad und in die Küche.) Ich weiß: Sie will sich nicht den Nichtigkeiten des Lebens ausliefern. Sie fürchtet die Einengung des Blicks, des Geistes. Sie fürchtet die Abstumpfung der Seele durch Wiederholung! Außerdem wägt sie die Tätigkeiten gegeneinander ab nach dem Maß an Unlustgefühlen, das mit ihnen verbunden sein könnte, und betrachtet es als Ausdruck persönlicher Freiheit, die unlustintensiveren zu ignorieren. Doch nicht nur, daß ich ab und zu heimlich ihr Zimmer wische, um ihre Mutter vor Herzkrämpfen zu bewahren – ich muß mich auch der Versuchung erwehren, diese Nichtigkeiten ins Blickfeld zu rücken und auf die Ausbildung innerer Zwänge hinzuwirken.

Einmal bin ich dieser Versuchung erlegen.

Sie ekelt sich schrecklich vor Spinnen. Also sagte ich: »Unter deinem Bett waren zwei Spinnennester.«

Ihre mit lila Augentusche nachgedunkelten Lider verschwanden hinter den hervortretenden Augäpfeln, und sie begann »Iix! Ääx! Uh!« zu rufen, so daß ihre Englischlehrerin, wäre sie zugegen gewesen, von soviel Kehlkopfknacklauten – englisch »glottal stops« – ohnmächtig geworden wäre. »Und warum bauen die ihre Nester gerade bei mir unterm Bett?«
»Dort werden sie nicht oft gestört.« Direkter wollte ich nicht werden, und sie ist intelligent.
Am Abend hatte sie ihr inneres Gleichgewicht wiedergewonnen. Im Bett liegend, machte sie einen fast überlegenen Eindruck. Ihre Hausschuhe standen auf dem Klavier. »Die stelle ich jetzt immer dorthin«, sagte sie. »Damit keine Spinnen hineinkriechen können.«

DRAHT

Sie bedauert es, nicht an einer Sehstörung zu leiden.
Wenn sie an einer Sehstörung litte, könnte sie eine
Nickelbrille tragen. Die Eltern eines Schülers, der in
der Schule eine Nickelbrille getragen hatte, sind ver-
warnt worden. Nickelbrillen seien imperialistischer
Modeeinfluß, Dekadenz. Zum Beweis hatte der
Klassenlehrer Bilder aus einer Westillustrierten vor-
gelegt, die langhaarige männliche Nickelbrillenträger
zeigten.
An dem Morgen, an dem sie mit Nickelbrille zur
Schule gehen könnte, würde sie gern gehen. Ihr
Urgroßvater trug eine Nickelbrille. Er war Bergar-
beiter. Ihr Großvater trug eine Nickelbrille. Er war
Bergarbeiter. Zum Beweis würde sie die Fotos hin-
blättern.

MITSCHÜLER

Sie fand, die Massen, also ihre Freunde, müßten unbedingt die farbige Ansichtskarte sehen, die sie aus Japan bekommen hatte: Tokioter Geschäftsstraße am Abend. Sie nahm die Karte mit in die Schule, und die Massen ließen beim Anblick des Exoten kleine Kaugummiblasen zwischen den Zähnen zerplatzen.

In der Pause erteilte ihr der Klassenlehrer einen Verweis. Einer ihrer Mitschüler hatte ihm hinterbracht, sie betreibe innerhalb des Schulgeländes Propaganda für das kapitalistische System.

MENSCHENBILD (I)

Lehrer: Sie kommen immer in so schmutzigen Pullovern zur Schule.

Schülerin: Entschuldigen Sie, aber Sie beleidigen meine Mutter.

Lehrer: Ich meine doch nicht, daß die Pullover nicht gewaschen sind. Aber Sie tragen so dunkle Farben.

Schülerin: Ich bin blond.

Lehrer: Ich wünsche, daß die Schüler meiner Klasse optimistische Farben tragen. Außerdem sehen Ihre langen Haare unordentlich aus.

Schülerin: Ich kämme sie mehrmals am Tag.

Lehrer: Aber der Mittelscheitel ist nicht gerade.

Ort des Dialogs: Erweiterte Oberschule in G.

Zeit: Zweihundertdreiunddreißig Jahre nach Hinscheiden Friedrich Wilhelms des Ersten, König von Preußen.

MENSCHENBILD (II)

»Na gut«, sagte der Direktor, »es waren keine ausge-
waschenen Jeans, es waren hellblaue Cordhosen,
einverstanden. Aber müssen es überhaupt Hosen
sein? Wenn die Mädel so angetreten sind, alle in
ihren kurzen Röcken, das gibt doch ein ganz anderes
Bild.« Dabei schnalzte er mit der Zunge.

ZWISCHENAKT

Sie kommt barfuß von draußen, öffnet, das Bein gestreckt, mit einem Zehenhieb auf die Klinke die Tür zu ihrem Zimmer, angelt sich mit dem kleinen Finger einen Büstenhalter aus der Lade, hält ihn hoch, bis die mit ihm verschlungenen Wäschestücke abgefallen sind, und schreitet – ein Wohnungsbeben – in die Küche. Sie stemmt den Wasserkessel unter den Hahn, so daß es den Anschein hat, als weiche dieser in die Wand zurück. Während der Kessel auf dem Gasherd ausvibriert, stillt sie ihren Durst und jagt mit der flachen Hand den Korken in den Flaschenhals. Dann wartet sie. Gegen kaltes Waschwasser hat sie eine Abneigung. Sie sitzt nach vorn gebeugt, läßt die Arme zwischen den Beinen hindurchhängen und wippt auf den Fußballen, wobei sie wegen der Sonnenbrille, die auf dem Inlandmarkt nicht zu ersetzen wäre, das Gesicht unbewegt erhoben hält. Sie trägt die Sonnenbrille auch in geschlossenen Räumen, weil sie es ablehnt, sich durch vorgegebene Verhaltensmuster manipulieren zu lassen. Außerdem ermöglicht es ihr die Sonnenbrille, der frustrierenden Mitwelt gelassener ins Auge zu blicken, wenn diese glaubt, ihre Unterdrückungsmechanismen in Gang setzen zu müssen, weil beispielsweise der neue Pullover seit Wochen nur während der Nachtstunden abgelegt wird, oder weil die Jeans angeblich »stehen vor Schmutz«. Als handle es sich hierbei nicht um

einen Akt der Revolte gegen die verlogenen bürgerli-
chen Kleiderzwänge und gegen Heuchelei über-
haupt; abgesehen davon, daß dieser Pullover anliegt
wie kein anderer und sie ihn also nicht drei Tage in
der Woche ins Frottiertuch packen wird, damit er
vom Spülwasser genesen kann. Und abgesehen da-
von, daß sie in frischgewaschenen Jeans wie ein
Konvertit aussehen würde. – Eine Spur aus verschüt-
tetem Wasser und Straßenstaub hinterlassend, zieht
sie sich ins Bad zurück. Der Stuhl bleibt mit der
Lehne zum Tisch gekehrt. Die Tür schwingt in den
Angeln.

Nach einer Stille von fast besorgniserregender Dauer
läßt sie durch ein schußartiges Schließgeräusch wis-
sen, daß ihre Toilette beendet ist. Wie vordem trägt
sie den an seinem Grunde rosa-hellblau-weißgestreif-
ten Pullover, ihre auf ungezählten Treppenstufen,
Bordsteinen und Schulbänken graugescheuerten
Blue jeans und die Sonnenbrille. Sie hält die Finger
gespreizt und fährt in die Sandaletten mit der Grazie
einer Balletteuse, damit der signalrote Nagellack
nicht verwischt. Halb schon im Hausflur sagt sie
»Ciao!« und »Vielleicht sehen wir uns dort!«, womit
sie das in dreieinhalb Stunden beginnende Konzert
meint.

BALLAST

Selbstverständlich wird sie einmal in einer Kommune leben. Jeder wird nur das tun, was ihm Spaß macht, und jeder wird das, was ihm Spaß macht, für die anderen mittun. Für sie werden andere mit das Brot schneiden (falls es dort keine Brotschneidemaschine geben sollte), mit das Geschirr säubern (falls es dort keine Geschirrspülmaschine geben sollte) und morgens die Bettdecke aus einem spiralförmigen in einen mehr oder weniger rechteckigen Gegenstand zurückverwandeln (falls man dort Wert darauf legen sollte).

Wozu sich also Fertigkeiten aneignen und Reflexe einhämmern, die man später niemals brauchen wird?

ORDNUNG

Die Mädchen und Jungen, die sich auf die Eckbank der leeren Bahnhofshalle setzten, kamen aus einem Jazz-Konzert. Ihr Gespräch verstummte rasch. Einer nach dem anderen legten sie den Kopf auf die Schulter ihres Nebenmanns. Der erste Zug fuhr 4.46 Uhr.

Zwei Transportpolizisten, einen Schäferhund an der Leine, erschienen in der Tür, wandten sich der Bank zu und zupften die Schlafenden am Ärmel. »Entweder Sie setzen sich gerade hin, oder Sie verlassen den Bahnhof, Ordnung muß sein!«

»Wieso Ordnung?« fragte einer der Jungen, nachdem er sich aufgerichtet hatte. »Sie sehen doch, daß jeder seinen Kopf gleich wiedergefunden hat.«

»Wenn Sie frech werden, verschwinden Sie sofort, verstanden?« Die Polizisten gingen weiter.

Die jungen Leute lehnten sich nach der anderen Seite. Zehn Minuten später kehrte die Streife zurück und verwies sie des Bahnhofs.

Draußen ging ein feiner Regen nieder. Der Zeiger der großen Uhr wippte auf die Eins wie ein Gummiknüppel.

Auf sein Bücherbrett im Lehrlingswohnheim stellte Michael die Bibel. Nicht, weil er gläubig ist, sondern weil er sie endlich einmal lesen wollte. Der Erzieher machte ihn jedoch darauf aufmerksam, daß auf dem Bücherbrett eines sozialistischen Wohnheims die Bibel nichts zu suchen habe. Michael weigerte sich, die Bibel vom Regal zu nehmen. Welches Lehrlingswohnheim nicht sozialistisch sei, fragte er, und da in einem sozialistischen Staat jedes Lehrlingswohnheim sozialistisch ist und es nicht zu den Obliegenheiten der Kirche gehört, Chemiefacharbeiter mit Abitur auszubilden, folgerte er, daß, wenn der Erzieher recht behalte, in einem sozialistischen Staat niemand Chemiefacharbeiter mit Abitur werden könne, der darauf besteht, im Wohnheim auf sein Bücherbrett die Bibel stellen zu dürfen. Diese Logik, vorgetragen hinter dem Schild der Lessing-Medaille, die Michael am Ende der zehnten Klasse verliehen bekommen hatte (Durchschnittsnote Einskommanull), führte ihn steil unter die Augen des Direktors: Die Bibel verschwand, und Michael dachte weiterhin logisch. Die Lehrerin für Staatsbürgerkunde aber begann, ihn als eines jener Elemente zu klassifizieren, die in Mendelejews Periodischem System nicht vorgesehen sind und durch das Adjektiv »unsicher« näher bestimmt werden.

2

Eines Abends wurde Michael zur Betriebswache ge-
rufen. Ein Herr in Zivil legte ihm einen Text vor, in
dem sich ein Ich verpflichtete, während der Weltfest-
spiele der Jugend und Studenten die Hauptstadt
nicht zu betreten, und forderte ihn auf zu unter-
schreiben. – Warum? fragte Michael. Der Herr
blickte ihn an, als habe er die Frage nicht gehört. –
Er werde während der Weltfestspiele im Urlaub sein,
sagte Michael, und unter seinem Bett stünden nagel-
neue Bergsteigerschuhe, die er sich bestimmt nicht
zu dem Zweck angeschafft habe, den Fernsehturm
am Alex zu besteigen. Er werde während der Welt-
festspiele nicht einmal im Lande sein. – Dann könne
er also unterschreiben, sagte der Herr, langte über
den Tisch und legte den Kugelschreiber, der neben
dem Blatt lag, mitten aufs Papier. – Aber warum?
fragte Michael. Der Text klinge wie das Eingeständ-
nis einer Schuld. Er sei sich keiner Schuld bewußt.
Höchstens, daß er einmal beinahe in einem VW-
Käfer mit Westberliner Kennzeichen getrampt wäre.
Damals hätten sich die Sicherheitsorgane an der
Schule über ihn erkundigt. Das sei für ihn aber kein
Grund zu unterschreiben, daß er während der Welt-
festspiele nicht nach Berlin fahren werde. – Was für
ihn ein Grund sei oder nicht, das stehe hier nicht zur
Debatte, sagte der Herr. Zur Debatte stehe seine
Unterschrift. – Aber das müsse man ihm doch be-
gründen, sagte Michael. – Wer hier was müsse, sagte
der Herr, ergäbe sich einzig aus der Tatsache, daß in
diesem Staat die Arbeiter und Bauern die Macht

39

ausübten. Es empfehle sich also, keine Sperenzien zu machen. – Michael begann zu befürchten, man könnte ihn nicht in die Hohe Tatra trampen lassen, verbiß sich die Bemerkung, daß er die letzten Worte als Drohung empfinde, und unterschrieb.

Zwei Tage vor Beginn seines Urlaubs wurde ihm der Personalausweis entzogen und eine provisorische Legitimation ausgehändigt, die nicht zum Verlassen der DDR berechtigte, und auf der unsichtbar geschrieben stand: Unsicheres Element.

3

Mit der topografischen Vorstellung von der Hohen Tatra im Kopf und Bergsteigerschuhen an den Füßen, brach Michael auf zur Ostsee. Da es für ihn nicht günstig gewesen wäre, von Z. aus zu trampen, nahm er bis K. den Zug. Auf dem Bahnsteig von K., den er mit geschulterter Gitarre betrat, forderte eine Streife ihn auf, sich auszuweisen. »Aha«, sagte der Transportpolizist, als er des Ausweispapiers ansichtig wurde, und hieß ihn mitkommen. Er wurde zwei Schutzpolizisten übergeben, die ihn zum Volkspolizeikreisamt brachten. »Alles auspacken!« Er packte aus. »Einpacken!« Er packte ein. »Unterschreiben!« Zum zweitenmal unterschrieb er den Text, in dem sich ein Ich verpflichtete, während der Weltfestspiele die Hauptstadt nicht zu betreten. Gegen vierundzwanzig Uhr entließ man ihn. Am nächsten Morgen – Michael hatte sich eben am Straßenrand aufgestellt, um ein Auto zu stoppen – hielt unaufgefordert ein Streifenwagen bei ihm an. »Ihren Ausweis, bitte!«

Kurze Zeit später befand sich Michael wieder auf dem Volkspolizeikreisamt. »Alles auspacken!« Er packte aus. »Einpacken!« Diesmal wurde er in eine Gemeinschaftszelle überführt. Kleiner Treff von Gitarren, die Festival-Verbot hatten: Sie waren mit einem Biermann-Song oder mit der Aufschrift ertappt worden: WARTE NICHT AUF BESSRE ZEITEN. Sein Name wurde aufgerufen. »Wohin?« – »Eine Schweizer Kapelle braucht einen Gitarristen«, sagte der Wachtmeister ironisch. Er brachte ihn nach Z. zurück. Das Konzert fand auf dem Volkspolizeikreisamt statt. »Sie wollten also nach Berlin.« – »Ich wollte zur Ostsee.« – Der Polizist entblößte ihm die Ohren. »Wenn Sie noch einmal lügen, vermittle ich Ihnen einen handfesten Eindruck davon, was die Arbeiter-und-Bauern-Macht ist!« Michael wurde fotografiert (mit Stirnband, ohne Stirnband) und entlassen. Um nicht weiterhin verdächtigt zu werden, er wolle nach Berlin, entschloß er sich, zuerst nach Osten und dann oderabwärts zur Küste zu trampen. In F. erbot sich ein Kraftfahrer, ihn am folgenden Tag unmißverständlich weit über den Breitengrad von Berlin hinaus mitzunehmen. »Halb acht vor dem Bahnhof.« Halb acht war der Bahnhofsvorplatz blau von Hemden und Fahnen: Man sammelte sich, um zu den Weltfestspielen nach Berlin zu fahren. Ein Ordner mit Armbinde fragte Michael, ob er zu einer Fünfzigergruppe gehöre. – »Sehe ich so aus?« – Der Ordner kam mit zwei Bahnpolizisten zurück. »Ihren Ausweis!« Michael weigerte sich mitzugehen. Er erklärte. Er bat. Sie packten ihn an den Armen. Bahnhofszelle. Verhör. Die Polizisten rieten ihm, eine Schnellzugfahrkarte zu lösen und zurückzufahren. Er protestierte. Er habe das Recht, seinen Urlaub über- all dort zu verbringen, wo er sich mit seinem Ausweis aufhalten dürfe. – Er müsse nicht bis Z. zurückfah- ren, sagten die Polizisten, sondern nur bis D. Falls er jedoch Schwierigkeiten machen sollte, zwinge er sie, das Volkspolizeikreisamt zu verständigen, und dann käme er nicht so glimpflich davon. Ein Doppelposten mit Hund begleitete ihn an den Fahrkartenschalter und zum Zug. »Wenn Sie eher aussteigen als in D., gehen Sie in U-Haft!« Auf allen Zwischenstationen standen Posten mit Hund. In D. erwarteten ihn zwei Polizisten und forderten ihn auf, unverzüglich eine Fahrkarte nach Z. zu lösen und sich zum Anschluß- zug zu begeben. Er gab auf. Auf dem Bahnsteig in Z. wartete er, bis die Polizisten auf ihn zukamen. Nach- dem sie Paßbild und Gesicht miteinander verglichen hatten, gaben sie ihm den Ausweis zurück. »Sie können gehen.« – »Wohin?« fragte Michael.

NACHHALL

Hier wird nicht gespielt! Eure Zeit ist vorbei, geht nach Hause!
(Polizeistreife zu Jugendlichen, die am 8. August 1973, drei Tage nach Abschluß der Weltfestspiele, auf dem Alexanderplatz Gitarre spielten.)

Als Michael aus den Bierstuben kam, wirkte der Platz wie leergekippt. Unterhalb des Warenhauses sprang ein Motor an: Der Jugend-Müll wurde soeben abgefahren. Und eine Scherbe schändete den Platz: er. Zwischen Posten, die dastanden wie schnell gewachsene Gehölze. Polizeigrün. Immergrün.
Seine Gitarre lag nicht mehr auf dem Brunnenrand. Sie hatten seine Gitarre. Sie hatten eine Geisel.
Der Polizist sagte: »Ihre Gitarre suchen Sie? Kommen Sie mit.«
Während Michael im Gang des Polizeigebäudes neben den anderen stand, das Gesicht zur Wand und die Arme erhoben, wurde der Tag ausgeschrien. »Schuhe ausziehn! Wenn du nicht sofort die Schuhe ausziehst, kriegst du eins in die Schnauze, und wo *die* Pfote hinhaut, dort wächst kein Gras mehr!«
Sie hatten auf der Brunneneinfassung gesessen: Lehrlinge, Schüler, Rentner. Viele Passanten waren stehengeblieben und hatten ihnen Beifall gespendet,

vor allem den beiden Ungarn. Der eine hatte fast Funken aus den Saiten geschlagen.

Auf dem Ordnungsstrafbescheid über 10 Mark, mit dessen Entgegennahme Michael um drei Uhr morgens sein Instrument auslöste, stand: Störung des sozialistischen Zusammenlebens (Spielen mit Gitarre).

LITERATURUNTERRICHT

Sie war außer sich. Der Lehrer hatte Pasternak und Solschenizyn als Gesindel bezeichnet. »Kannst du dir das vorstellen?« sagte sie. Und von neuem: »Das mußt du dir mal vorstellen!« Was der Nobelpreis wert sei, könne man daran erkennen, daß Gesindel wie Pasternak und Solschenizyn ihn erhalte, hatte der Lehrer gesagt. Sie hatte Übelkeit vorgetäuscht und das Klassenzimmer verlassen. »Da kannst du doch nicht einfach ruhig sitzen bleiben«, sagte sie.
Ich sagte: »Aber bei uns ist doch ein Buch von Pasternak erschienen.«
»Welches?«
»Initialen der Leidenschaft.«
»Wann?«
Ich nahm den Gedichtband vom Regal und schlug ihr das Impressum auf.
»Neunundsechzig? Bei uns? Bei uns erscheint Gesindel?!« Sie faßte sich mit beiden Händen an die Stirn. »Und ich hab das nicht gewußt!« Sie war zerknirscht.

ERBE

Infolge ihres oftmals eigenwilligen Verhaltens erfüllt sie nicht immer die Normen, die an eine Schülerin der Erweiterten Oberschule gestellt werden müssen.
(Zeugnis, 30. 6. 1972)

Ein Mal – ein einziges Mal – habe ich es bedauert, daß der mich immer häufiger quälende Traum, ich ginge von neuem zur Oberschule, nur ein Traum ist. Das Thema ihres Hausaufsatzes lautete: *Warum müssen wir uns Goethe kritisch aneignen – dargestellt an einem Beispiel,* und der Lehrer hatte gesagt, die Betonung liege auf *kritisch.* Diesen Aufsatz hätte ich gern geschrieben.

Als *Beispiel* hätte ich Eckermanns Gespräch mit Goethe gewählt, in dem die Rede auf die jungen Engländer und die jungen Deutschen kommt und Goethe sagt: »Das Glück der persönlichen Freiheit, das Bewußtsein des englischen Namens und welche Bedeutung ihm bei anderen Nationen beiwohnt, kommt schon den Kindern zugute, so daß sie sowohl in der Familie als in den Unterrichtsanstalten mit weit größerer Achtung behandelt werden und eine weit glücklich-freiere Entwicklung genießen als bei uns Deutschen ... Es geht bei uns alles dahin, die liebe Jugend frühzeitig zahm zu machen und alle

Natur, alle Originalität und alle Wildheit auszutrei-
ben, so daß am Ende nichts übrigbleibt als der Phili-
ster.«
Die Betonung hätte ich auf *kritisch* gelegt.

HIER

Freitagvormittag ist Vorlesungsschluß, der kommende Montag Staatsfeiertag, und da der Staat ein Vierteljahrhundert besteht, wird am Freitag, fünfzehn Uhr, vom Flußbahnhof ein Sonderzug mit eintausend Jugendlichen nach der Hauptstadt abfahren, mit eintausend Auserwählten, zu denen sie, die beiden Studenten, nicht gehören, zu denen keiner ihres Studienfachs gehört, nur zieht's auch sie in die Metropole, hinaus aus der kleinen Universitätsstadt, auch sie hungert's nach Erlebnissen – Theologie hin, Theologie her. Sie fragen nach in den Büros, ob nicht doch noch eine Teilnehmerkarte ... aber nein, Kopfschütteln, Bedauern, und da sie genötigt sind, mit der Mark zu rechnen, rechnen sie mit der Wahrscheinlichkeit: Von eintausend Menschen werden mindestens zwei erkranken, für die sie einspringen werden. Und um recht unauffällig einspringen zu können, zieht der eine sein Blauhemd an, der andere schnürt den Anorak bis obenhin zu, was auf dem Bahnhofsplatz gut ins Bild paßt, denn viele tragen den Anorak über dem Blauhemd, und als eine Fünfzigergruppe abgezählt hat, zählen sie sich beim Abmarsch dazu und dürfen den polizeilich abgesperrten Bahnsteig durch den polizeilich abgesperrten Bahnhofszugang betreten. Der Doppelstockwagen bietet Sitzplätze genug, und nur, als der Gruppenleiter die Namen aufzurufen und auf einer Liste abzuhaken beginnt, ziehen sie es vor, auf die Plattform zu gehen und eine Zigarette zu rauchen. Auch die zweite Kontrolle, bei der nicht der Name aufgerufen, sondern jeder nach seinem Namen gefragt wird, überstehen sie auf der Plattform, und sie suchen sie auch zum dritten und vierten Mal auf, als die Teilnehmerkarten vorgezeigt werden müssen und die Quartiere vergeben werden. Inzwischen fährt der Zug, Plätze werden getauscht, man geht von unten nach oben und von hüben nach drüben, und auf den Knien liegen die ersten Taschen, um den Skatkarten als Unterlage zu dienen. Da tritt ein Herr in Mantel auf die beiden Studenten zu, fordert sie auf, ihre Teilnehmerkarten vorzuzeigen, bittet um ihre Personalausweise, behält sie ein und sagt: »Kommen Sie mit!« Das Verhör in einem der Sonderabteile an der Spitze des Zugs währt nicht lange, denn die Wahrheit ist kurz. Ihnen wird befohlen, auf dem Gang zu warten, und als sie dort eine gute Stunde gestanden haben, hält der Zug, der nirgends halten sollte, sie sind in H., der Bahnsteig ist von Polizisten besetzt, und über Lautsprecher sagt eine Stimme, die Worte pausenlos wiederholend: »Bitte, nicht aussteigen! Türen nicht öffnen!«, was selbstverständlich nicht für den Transportpolizisten aus dem Sonderabteil gilt. Als hätte ihnen der Lokführer das Trittbrett genau vor die Stiefel gefahren, stehen vor der Tür vier Polizisten und blicken nach den Studenten.

Die beiden haben einen Zug benutzt, den zu benutzen sie nicht berechtigt waren. Da kann man nicht beide Augen zudrücken und sagen: Wenn ihr einmal da seid, wird sich auch ein Quartier für euch finden. Da kann man auch nicht nur ein Auge zudrücken und sagen: Um Quartier müßt ihr euch aber selbst kümmern. Man kann auch nicht einfach den Zugführer rufen, damit er ihnen den Fahrpreis abverlangt, sebstverständlich mit Zuschlag, oder den doppelten Fahrpreis – zur Strafe. Jugend hin, Jugend her. Da wird abgeführt.

WEIHNACHTEN

Sie saß neben mir auf der Bank und badete ihr Gesicht in der Sonne. Sie hatte ihre Augenbrauen ausgewechselt, mit Pinzette: ein für allemal. Die neuen waren strenge Linien, die von der Kindheit trennten.

Wir schwiegen, sie bei geschlossenen Augen. Doch wer weiß, was sie sah, denn plötzlich sagte sie: »Wenn doch schon Weihnachten wäre.«

Die Rosen blühten.

»Was hast du vor zu Weihnachten?« fragte ich.

»Nichts«, sagte sie. »Aber dann wäre doch Weihnachten.«

Ich entsann mich, daß sie auch vergangenes Jahr nicht hatte auf den Weihnachtsbaum verzichten wollen. Geschmückt mit Lametta, Zuckerwerk und zwölf Kerzen, hatte er in ihrem Zimmer gestanden – vor einem riesigen roten Plakat mit lachendem Che Guevara.

»Marcuse? Du hast ein Buch von Marcuse? Leihst du mir das mal?«

Ich sagte, in diesem Buch sichte Marcuse die Philosophie von sechshundert vor Christi bis zur Gegenwart.

»Macht doch nichts.«

Zweieinhalb Jahrtausende Philosophie, das sei schon etwas, sagte ich. Da könne einem mit sechzehn der Durchblick schon noch fehlen.

»Trotzdem. Ich muß das unbedingt lesen.«

Ich gab ihr das Buch. Mir täte es nur leid, sagte ich, wenn sie es nach den ersten Seiten weglege, um es nie wieder in die Hand zu nehmen.

»Ach, bestimmt nicht. Wenn's von dem ist.«

Ich sagte, sie wisse, daß es zwei Marcuse gibt.

»So? Aber der hier, das ist doch der, der die Studentenrevolten gemacht hat?«

Sie meine Herbert Marcuse, sagte ich. Das hier sei Ludwig Marcuse. In diesem Buch gehe es darum, was den Menschen zum Menschen macht.

»Ach so.« Ihr Blick streifte den Buchrücken. »Dann brauche ich's nicht.«

FLUGBLÄTTER

»Angenommen«, sagte sie, »du könntest jetzt ein Flugblatt machen. Was würdest du da schreiben?« Da meine Brauen auf Mitte rückten, setzte sie hinzu: »Ich habe keine Blödheiten vor. Einfach nur so. Ist doch interessant.«

»Schreiben? Nichts«, sagte ich. »Da gibt es anderes, was auf Flugblättern unter die Menschen gebracht werden müßte.«

»Und das wäre?«

»Darüber müßte ich genau nachdenken.«

»Denk doch mal nach«, sagte sie.

. . .

FLUGBLATT NR. 1

»Und wenn alles vorüber ist –; wenn sich das alles totgelaufen hat: . . . die Wonne, in Massen aufzutreten . . . und in Gruppen Fahnen zu schwenken . . . Dann wird einer kommen, der wird eine geradezu donnernde Entdeckung machen: er wird den Einzelmenschen entdecken. Er wird sagen: es gibt einen Organismus, Mensch geheißen, auf den kommt es an. Und ob der glücklich ist, das ist die Frage. Daß er frei ist, das ist das Ziel. Gruppen sind etwas Sekundäres . . . der Staat ist etwas Sekundäres. Es kommt

nicht darauf an, daß der Staat lebe – es kommt darauf
an, daß der Mensch lebe!«
Kurt Tucholsky

FLUGBLATT NR. 2

»Wir müssen meiner Meinung nach darauf Wert
legen, daß wir ... unser kostbarstes Gut, die jungen
Menschen, überhaupt unsere Menschen, vor den Be-
schädigungen des gesellschaftlichen Apparates schüt-
zen. Es ist nicht so, daß sich nur unsere Sprache in
Kauderwelsch verwandelt oder zu verwandeln droht.
Es ist sogar so, daß viele Begriffe nicht mehr da sind,
die unsereinem, als wir aufwuchsen, selbstverständ-
lich waren, z. B. der Begriff der Muße, daß ein
Mensch spazierengehen muß, um Gedanken zu fas-
sen, daß ein Mensch imstande sein muß, sich einzu-
schließen oder isoliert auf eine Bank zu setzen und
etwas zu lesen, ohne daß das zu einer Instruktion
wird, ohne daß er gefragt wird, ob das in Über-
einstimmung mit irgendeiner Verpflichtung ge-
schieht ... Es muß also, glaube ich, ... eine War-
nung ausgesprochen werden vor der zu großen Inan-
spruchnahme des einzelnen und vor dem Ausradie-
ren der Freiheit, der Muße im Zusammenleben unse-
rer Landsleute ... Humanismus und stramme Orga-
nisation haben sich immer widersprochen. Selbst die
Jesuiten, welche uns eine sehr große geistige Potenz
hinterlassen haben, waren in ihrer Organisation nicht
so angespannt wie wir ...«
Arnold Zweig, Dresden 1954

54

(besonders für Verkünder von Überzeugungen)

»Wir müßten ... uns ... zu der Einsicht bequemen, wir könnten überall dort einem Wahn verfallen sein, wo wir meinen, etwas sei ›felsenfest‹ sicher. Von der Bescheidenheit, solch kardinale Irrtümer als Möglichkeit in uns anzuerkennen, hängt es ab, ob die Menschheit vom Leiden der Vorurteile befreit werden oder weiter an ihnen dahinsiechen wird. Die Heilungschancen scheinen von der Geduld und von der Freundlichkeit abzuhängen, mit der wir in Kindertagen auf das Leben unter unsergleichen vorbereitet werden.«
Alexander Mitscherlich

FLUGBLATT NR. 4
(besonders für junge Menschen, deren Ideal es ist, die Jugend unter dem Apfelbaum liegend zu verbringen)

»Jeden Tag denke ich daran, daß mein äußeres und inneres Leben auf der Arbeit der jetzt lebenden sowie schon verstorbenen Menschen beruht, daß ich mich anstrengen muß, um zu geben, im gleichen Ausmaß, wie ich empfangen habe und empfange.«
Albert Einstein

FLUGBLATT NR. 5
(besonders für ungeduldige junge Menschen)

»Man macht keine Revolution, indem man aufbe-
gehrt; man macht eine Revolution, indem man die
Lösung bringt.«
Le Corbusier

TAKTIK

Vor dem Pädagogischen Rat einer sozialistischen Schule dürfe er schon einmal aus der Schule plaudern, sagte der Staatsanwalt. Bekanntlich sei überall dort, wo die Jazz-Band von Ober-W. gespielt habe, Neckermann eine Modenschau sicher gewesen: Es habe gewimmelt von Blumenhemden. Ein harter Kern von Fans sei der Band systematisch hinterhergetrampt. Nun hätte man dem einen Riegel vorschieben können, indem man die Band kurzerhand verbietet. Nur: Wären durch dieses Verbot die ideologischen Wurzeln bloßgelegt worden? Also habe man sich für die politisch einzig richtige Taktik entschieden: die Mobilisierung der öffentlichen Meinung. Um das dafür notwendige Tatsachenmaterial zu organisieren, habe es, als die Band in A. aufgetreten sei, in A. und Umgebung weder eine unkontrollierte Scheune, noch eine unbeobachtete Hollywoodschaukel gegeben – Hollywoodschaukeln in Kleingartenanlagen genössen bekanntlich besonderen Zuspruch, da die unbefugten Benutzer davon ausgingen, daß der Zaun, über den sie steigen, von anderen respektiert wird –, und um schlagendes Bildmaterial für die Zeitung sicherzustellen, seien Pressefotografen eingesetzt worden. Doch – und das sage er ganz offen – es habe keinen einzigen Versuch illegaler Übernachtung gegeben, und es seien auch keine Schlägereien oder sonstiges Rowdytum festzustellen gewesen. Die Fans hätten nicht getanzt, sondern nur der Musik zugehört, die zwar von ohrenbetäubender Lautstärke gewesen sei, aber Lautstärke lasse sich bekanntlich nicht fotografieren. Inzwischen wisse man, daß die gegnerische Losung gelautet habe, keinerlei Ordnungswidrigkeiten zu begehen, um den staatlichen Organen das Eingreifen zu erschweren, und die Disziplin, mit der diese Losung befolgt worden sei – auf dem Weg zum Bahnhof habe man sich nicht einmal eine nächtliche Ruhestörung zuschulden kommen lassen, obwohl man sonst meist laut grölend abziehe –, diese Disziplin lasse die Organisiertheit des Ganzen erkennen. Die Tatsache, daß die zuständigen Mitarbeiter des Staatsapparats aus diesem Vorfall ihre – er betone: ihre – Schlüsse gezogen hätten, bedürfe wohl keiner besonderen Erwähnung. Der Vorfall gehe aber auch die Lehrer an – ja, vor allem die Lehrer, denn er zeige, daß, wenn die Schule ihren Einfluß nicht rechtzeitig geltend macht, wenn sie nicht jede Gelegenheit nutzt, die Jugend vor den Manipulationen des Gegners zu bewahren, die Staatsmacht in Situationen geraten könne, in der nicht mehr sie über ihre Taktik bestimmt, sondern der Gegner, was im vorliegenden Fall bedeutet habe, die Band aus Ober-W. schließlich doch auf rein administrativem Weg zu verbieten.

PARDON

Zur Englischstunde, die sie privat bei einer betagten Miss nimmt, befördert sie ihre Bücher in einer Umhängetasche aus grobem ungebleichten Leinen, die in der Art eines Infanterie-Brotbeutels geschneidert und englisch beschriftet ist. Als sie eines Nachmittags, von der Englischstunde kommend, die Schule betritt, entdeckt der Klassenlehrer den Beutel und stellt sie zur Rede. Er dürfe wohl davon ausgehen, sagt er, daß jemand, der mit einem Uniformstück der US-Armee auf die Straße gehe, bestimmte Sympathien zur Schau trage, und daß diese Sympathien mit dem Anspruch, in einem sozialistischen Staat eine Oberschule besuchen zu dürfen, unvereinbar seien. Ob sie meine, daß es für ein solches Verhalten noch ein Pardon geben könne.

Sie legt den Blick wie eine Tangente an ihn an und schweigt.

Die Eltern werden in die Schule gebeten.

Der Aufdruck auf der Tasche lautet:

INFANTRY TROOPER'S KIT
INSTRUCTIONS FOR USE
1. Kit must always be a mess.
2. Records only – no books.
3. Keep bottom clean for pens.
4. Carry no bomb – fill with love letters.
5. Fight for peace and do not fall except in love.

(INFANTERIE-BROTBEUTEL
GEBRAUCHSANWEISUNG
1. Im Beutel hat stets Unordnung zu herrschen.
2. Nur Schallplatten – keine Bücher.
3. Halte den Boden sauber für Federn.
4. Trage keine Bombe bei dir – fülle den Beutel mit Liebesbriefen.
5. Kämpfe für den Frieden und stürze dich nicht in den Tod, sondern nur in die Liebe.)

FAHNENAPPELL

Montagmorgen stand der Direktor der Erweiterten Oberschule in X. in Uniform neben der Fahne – in der Uniform eines Offiziers der Nationalen Volksarmee, in der er den Appell nur zu bestimmten Anlässen abnahm. »Und es geht nicht«, sagte er, »daß ein Schüler die Offiziere der Nationalen Volksarmee als dumm und halbgebildet bezeichnet. Von diesen Schülern müssen wir uns trennen.«

(Der Leiter des Wehrkreiskommandos hatte N., Arbeitersohn und Schüler der elften Klasse, für die Offizierslaufbahn werben wollen. Ob er am Beispiel des Direktors nicht sähe, hatte der Leiter des Wehrkreiskommandos gesagt, wie allseitig gebildet Offiziere seien. N. hatte geantwortet, er habe eher den Eindruck, der Direktor sei »einseitig gebildet«: Seine Erziehungsmethoden bewirkten, daß in der Schule nur noch gelernt und kaum mehr gedacht werde.)

Die Fahne war noch nicht wieder eingeholt – das Einholen fand am Sonnabend statt –, als der Schüler N. gegen elf Stimmen und bei einer Enthaltung aus der Freien Deutschen Jugend ausgeschlossen wurde.

(Vorher hatte eine Elternbeiratssitzung stattgefunden, nach der Eltern ihre Tochter aus dem Bett geholt hatten. »Daß du ja nicht für den stimmst! . . . Daß du ja nichts zugunsten von dem sagst!« Der Elternbeiratssitzung waren Klassenversammlungen gefolgt. »Wer

für N. stimmt, entfernt sich vom Standpunkt der Arbeiterklasse.« Schließlich hatte jeder der Schüler, die als Diskussionsredner ausgewählt worden waren, eines der schwarzen Steinchen zugeteilt bekommen, aus denen das schwarze Bild zusammengesetzt werden sollte: Überheblichkeit ... Thesen zur Verunsicherung der Mitschüler ... Radikale Ansichten. Dabei hatte eine Schülerin enttäuscht, indem sie gefragt hatte, wieso dann N. würdig gewesen wäre, Berufsoffizier zu werden.)

Dreimal noch duldete es die Fahne, daß der Schüler N. unter ihr stand, während sie aufstieg, mit zunehmender Höhe immer gemessener, um die Mastspitze exakt beim letzten Fanfarenstoß des Fanfarenzugs zu erklimmen. Dann wurde N. vom Unterricht beurlaubt. Seines nächsten Freundes nahm sich der Klassenlehrer an. »Wenn Sie den von unserer Seite abgebrochenen Kontakt zu N. aufrechterhalten sollten, können wir ganz leicht den Kontakt zu Ihnen abbrechen.«

(Der Leiter des Wehrkreiskommandos sagte zur Mutter des N.: »Ich habe die Äußerung Ihres Sohnes weder als Beleidigung meiner Person, noch als Beleidigung der Offiziere der Nationalen Volksarmee empfunden. Aber ich kann Ihnen in diesem Fall nicht helfen.«)

In Berlin wurde dem Antrag der Schule auf Relegierung des Schülers N. stattgegeben.

(»Ich teile Ihnen hierdurch mit, daß Ihr Sohn ... von allen Erweiterten Oberschulen der Deutschen Demokratischen Republik ausgeschlossen wurde. Die

*Gründe und Ursachen sind Ihnen bekannt. Wir hof-
fen, daß diese Maßnahme dazu führt, daß Ihr Sohn
... zur Einsicht kommt im Hinblick auf sein Verhal-
ten gegenüber den Anforderungen, die an einen jun-
gen Staatsbürger der Deutschen Demokratischen Re-
publik gestellt werden müssen.«)*

Zu bestimmten Anlässen steht der Direktor der Er-
weiterten Oberschule in X. in Uniform neben der
Fahne.

BEWEGGRÜNDE

In E., sagte sie, habe sich ein Schüler erhängt.
Am nächsten Morgen hätten Jungen verschiedener
Klassen schwarze Armbinden getragen, aber die
Schulleitung habe durchblicken lassen, daß die Arm-
binden als Ausdruck oppositioneller Haltung gewer-
tet würden. Der Schüler sei Mitglied der Jungen
Gemeinde gewesen und habe einen Zettel mit durch-
gekreuztem Totenkopf und der Aufschrift »Jesus
Christus« hinterlassen. Als erste hätten die Abituri-
enten die Armbinden abgelegt, weil sie kurz vor den
Prüfungen stehen.
Einigen Schülern, die nicht in die Klasse des Toten
gehen, sei es vom Lehrer erlaubt worden, an der
Beerdigung teilzunehmen, aber auf Anordnung des
Direktors habe der Lehrer die Erlaubnis rückgängig
machen müssen. Dem Pfarrer sei es nicht gelungen,
den Direktor umzustimmen.
Die Parteimitglieder habe man angewiesen, Gesprä-
che über den Toten zu unterbinden.
Am Tag der Beerdigung sei für die Zeit des Unter-
richts ein Schülerwachdienst eingeführt worden, und
die Schultür sei abgeschlossen gewesen.

BUDDHA

In dem Frankfurter Insel-Band »Aufstand der Dinge« von Erhard Kästner lese ich:

»Einhundertfünfzig Meter von der Hagia Sophia und zweihundert von der Moschee Sultan Achmeds entfernt, in der Divan Yolu Dschaddesi, gibt es ein Gartenlokal, das auch einen Innenraum und einen ersten Stock hat und sich Lale, das heißt Zur Tulpe nennt, ein Gammlertreff, emsig beflogen von Mädchen, denen es geglückt ist herunterzukommen, grauteintig, haarsträhnig, Buntfetzen, Prallschenkel, sodaß die jungen Türken, die nichts dergleichen gewohnt sind, der Profet sieht nicht gern Nacktes, sogar im Hamam, im berühmten türkischen Bad nicht, unter Männern, wo der Badeknecht durch die Zähne pfeift, wenn ein Hüfttuch verrutscht ist –: sodaß die jungen Türken, in dem Stau, in welchem sie leben müssen, gezwungen sind, ihnen nachzurufen oder ihnen den Reibedaumen zwischen zwei Fingern unter die Nase zu halten, was Die mit den Trauerblicken erwidern, mit denen sie überhaupt in die Welt sehen. Ihnen scheint das nichts auszumachen, sie sind hinweggealtert mit siebzehn. Ihre Freunde sind haarig, wobei die vollkommen zugewilderte Spielart wie auch die gestrählte, sanftsamtene vorkommt. Alle englisch sprechend, auch untereinander, wenngleich man es unschwer heraushört, wenn ihnen die Zungen deutsch wuchsen.

65

Sie sind unterwegs auf der alten Opium- und Hasch-Straße, auf der alten Seiden- und Karawanen-Straße Istanbul, Ankara, Teheran, Kabul, Lahur, Nepal, denn das ist ihr Mekka. Das geht auch aus dem Schwarzen Brett in der Tulpe hervor; es ist vollgepinnt mit Gesuchen um Mitnahme, Luftreisen nicht ausgeschlossen, bei erotischen Winken, wobei man an jeden Bedarf denkt.

Es sind gute Gesichter darunter, mehr gute als andere. Einst wohlbehütete Mädchen, wie auch nicht, denn es sind Auswanderer, Protestanten, die das Drucklose der Wohlfahrt nicht aushielten, also weit mehr Sympathien verdienen als die Schwabinger oder Sylter Schwimmer auf süßer Suppe, die nach Revolution dürsten, doch nicht das Wenigste herzugeben gewillt sind, wenngleich ihnen oft gesagt wurde, daß die Erde nicht genug Stoff hätte, wenn alle Milliarden, und die noch dazukommen werden, so leben wollten wie wir.

Davon diese hier die gute Ausnahme. In Istanbul schwimmen sie durch die Menschen-Ströme der Straßen, nichts und niemanden zur Kenntnis nehmend, als ob sie eingeweiht wären; sprechen nicht mit Profanen. Es gibt für sie Herbergen, schlafen auf dem Fußboden, Schmutz, klägliche Wasser-Zapfstellen, üble Latrinen; wenn Jemand wagen würde, ihnen das daheim anzubieten.

Die Sandalen, die zwischen dem großen Zeh und dem zweiten eine Trense haben, keine Fersen-Kappe: werden sie die zehntausend Kilometer aushalten? Hier in Istanbul mags gehen. Aber weiter dahinten? Wo das Volk so entsetzlich arm ist, daß man ihnen nicht helfen könnte, selbst wenn man verstünde, was das soll, da dort mit der Armut kein Flirt, sondern entsetzlicher Ernst ist?

Wer eine Tochter hat, die heranwächst, sitzt am Tisch, stützt den Kopf in die Fäuste und sorgt sich.«

Ich weiß, nebenan, in ihrem Zimmer, liegt aufgeschlagen und umgestülpt (die Anziehungskraft der Erde als Lesezeichen) das Leipziger Insel-Bändchen »Das Leben Buddhas«.

KAMASUTRA

Sie zupfte auf einer Gitarre, und es klang, als ob sie sie jäte. »Komm mich doch mal besuchen«, hatte sie gesagt. Doch nicht jedes Gespräch läßt sich in jedem Augenblick beginnen, und so nahm ich zur Kenntnis, daß die Gitarre einem Jungen gehöre, und wartete. Nachdem sie mehrmals hintereinander einen Akkord angeschlagen hatte, der dem Ohr aufging, sagte sie, die Fingerstellung beibehaltend: »Der Film ist angeblich Pornografie. Wegen der Blumen im Bett, und weil sie ihm nackt den Kranz aufsetzt. Die Lehrer platzen bald.« Dann schlug sie den Akkord von neuem an.

Das einzige Kino der Stadt spielte »Die Legende von Paul und Paula«.

»Pornografie?« sagte ich. »Weil eine Frau aus Freude auf den Mann, den sie liebt, einen halben Waggon Blumen aufs Bett kippt? Und weil sie ihn nicht im Wintermantel erwartet?«

»Also ist das kein Porno?« Sie stellte die Gitarre zwischen ihre Knie und verschränkte die Arme vor dem Griffbrett.

»In der Pornografie kommen Menschen vor, weil die Geschlechtsteile Füße brauchen.«

»Und warum zieht man sich dann so hoch an der Szene?«

»Diese Paula verwandelt ein Bett in ein Blumenbeet. Wieviele haben dem, den sie lieben, schon einmal

68

eine Blume aufs Kissen gelegt? ... Sie verwandelt ein Schlafzimmer, in dem auch geliebt wird, in ein Liebeszimmer, in dem auch geschlafen wird. Paula bereitet der Liebe ein Fest. Wieviele halten sie noch in Dunkelhaft?«

Sie betrachtete die bis an die Decke von selbstgegipsten Masken, Plakaten und Fotos bedrängten Wände ihres Zimmers und sagte: »Ach, ich wollte doch die Kerze anwerfen!« Auf ihrem Bettenschrank stand eine hohe Altarkerze. Ich zündete sie an.

»Aber denen geht es noch um etwas anderes«, sagte ich. »Als Paula auf dem Diplomatenvergnügen aufkreuzt, sagt Paul zu ihr: Alles oder nichts willst du. Und sie antwortet: Na und? Sie hat die Halbheiten satt, die faulen Kompromisse. Und auch er hat sie schließlich satt, als er sich mit der Axt zu ihr durchschlägt. Und wenn das Schule machen würde ...«

Am Abend brachte ich ihr das Kamasutra. Blätternd hatte ich die Zeile gefunden: Und blauen Lotos ... Und daraus auch Kränze.

»Jürgen und der aufdringliche Typ, der bei Biermann aufgetaucht war«, sagte sie, »gehen also zusammen zum Bahnhof Friedrichstraße, wo sich der Typ verabschiedet, weil er plötzlich telefonieren muß, und Jürgen fährt nach Lichtenberg zu dem Zug sechzehnachtundfünfzig, was der Typ mitgekriegt haben muß oder was ihm Jürgen wohl sogar gesagt hat. Aber vielleicht sage ich erst noch, daß Jürgen bei Havemanns übernachtet hatte, bevor er zu Biermann gegangen war. Jedenfalls: Jürgen sitzt in Lichtenberg im Zug, da setzt sich auf die andere Seite vom Längsgang, aber mit dem Gesicht zu ihm, ein Mädchen, geht noch mal kurz raus – wahrscheinlich um sich von dem, der sie hergebracht hat, bestätigen zu lassen, daß es Jürgen ist, der davon natürlich nichts ahnt (Jürgen sagt, das ist ihm erst an dem Morgen aufgegangen, wo er die Biermann-Platte aufgelegt hat, aber das kommt noch) –, und als sie ihm wieder genau in der Optik sitzt, fragt sie ihn, ob sie sich nicht irgendwoher kennen. Jürgen kann sich natürlich nicht erinnern, und darauf sie: Das wäre doch ein Grund, zusammen zu fahren. Sie schnappt sich ihren Kram, setzt sich ihm gegenüber und fängt an zu erzählen. (Jürgen sagt: Rede-Euphorie – irgendwie zwanghaft, also nicht nur Show; Jürgen kennt sich da ja ein bißchen aus.) Sie erzählt, daß sie Deutsch und Kunstgeschichte studiert, auch selber malt und Gedichte schreibt. Wenn Jürgen einen Dichter oder Maler erwähnt, registriert er bei ihr allerdings meist Fehlzündung. Dann: Auf seine Frage, was sie von Biermann kennt, sagt sie: nichts, aber im selben Atemzug fragt sie Jürgen, ob er Orwells ›Neunzehn-hundertvierundachtzig‹ kennt, und ob man seiner Meinung nach so etwas überhaupt schreiben darf, ihrer Meinung nach nicht. Als Jürgen die Rede auf einen jungen Maler bringt, mit dem er befreundet ist, fragt sie, ob sie Jürgen nicht mal besuchen darf, und ob sie dann zu dem Maler gehen könnten. Klar, daß Jürgen ihr seine Adresse gibt. Aber als er aussteigt, hat er genug von ihr: In den drei Stunden hat die nur von sich erzählt. (Jürgen sagt, im Prinzip hat sie sich natürlich richtig verhalten: Wenn du von dir erzählst, ist der andere eher bereit, von sich zu erzählen. Und das hatte doch erst der Anfang sein sollen.) Zwei Tage später kriegt er ein Telegramm, daß sie Sonn-abend kommt, und als Jürgen mit ein paar Kumpel Sonnabendnachmittag die Straße hochgeht, steht sie schon vor der Haustür. (Muß klasse Robe angehabt haben, das Weib, alles in Schwarz und so ...) Er fragt sie, woher sie um diese Zeit kommt, und sie sagt, aus Berlin. Jürgen wundert sich, denn laut Fahrplan ist das kaum möglich. Naja, sagt sie, sie sei schon früher angekommen, und vom Bahnhof hätte sie jemand im Auto mitgenommen. (Jürgen vermu-tet, daß ihre Leute sie irgendwo abgesetzt hatten und sie nicht wußte, ob sie beobachtet worden war.) Aber sie stört dann eigentlich nicht – höchstens, daß am Anfang die Situation ein bißchen betreten ist, weil die Kumpel, die mit Jürgen gekommen sind, nicht so richtig wissen, was die von Jürgen oder was er von ihr will. Jürgen registriert bloß, daß sie auch jetzt keinerlei Fragen stellt und sich für nichts zu interessieren scheint, zum Beispiel überhaupt nicht für seine Gedichte, die er doch immer ans Regal zweckt. Sie sagt auch kein Wort zu den Bildern, die er an der Wand hat – dabei Bilder von dem Maler, den sie unbedingt kennenlernen wollte. Erst nach ein paar Stunden fragt sie plötzlich, was sie denn immer so machten hier, worüber sie sich unterhielten und ob sie ein fester Kreis wären – also Fragen, bei denen Jürgen zum erstenmal Verdacht schöpft, sie könnte nicht aus freien Stücken gekommen sein, und eine Rede abzieht, die allerdings mehr für die anderen bestimmt ist, als für sie (nur hatten die früher geschaltet als Jürgen, wie er hinterher erfuhr). Und Jürgen verdrängt den Verdacht auch gleich wieder. Als die anderen gehen, geht sie nicht, und weil Jürgen bloß die eine Schlafgelegenheit hat, rückt er für sich zwei Sessel zusammen und bietet ihr sein Bett an. Auf einmal steht sie nackt im Zimmer. Sie hätte keine Hemmungen, sich zu zeigen, weil sie in der Kunsthochschule Modell steht – die Stunde dreißig Mark, sagt sie. Und sie knallt sich auch nackt aufs Bett. Jürgen hat aber keine Lust, mit ihr zu schlafen, und sagt ihr's auch, weil er sie überhaupt nicht kennt – ist doch ein Grund. (Jürgen sagt, irgendwie hätte er ein blödes Gefühl gehabt, aber richtig durchgeblickt hätte er zu diesem Zeitpunkt noch immer nicht.) Am nächsten Morgen ist die Sache klar für ihn – ganz plötzlich, und sie scheint zu bemerken, was los ist, mustert ihn nur immerzu und sagt kaum was. Er macht Kaffee und legt dann von Biermann die Stasi-Ballade auf. Sie erschrickt, daß er ihre Halsschlagader schlagen sieht, aber sie hat sich schnell unter Kontrolle und sagt, na, über dieses Thema gäb's ja viele Lieder, das sei wohl eins von Wolf Biermann? Jürgen spielt alle Strophen ab und stellt ihr dann eine Frage nach der anderen. Und sie redet auch: Sie hat nicht studieren dürfen, hat in der Max-Hütte gearbeitet und war dann in Dresden in einen Fall von Medikamentenmißbrauch mit tödlichem Ausgang verwickelt, und als Jürgen sie fragt, wie lange sie schon bei der Firma arbeitet, die ihr unter solchen Umständen einen Studienplatz und eine Wohnung in Berlin besorgt hat (von der hatte sie ihm erzählt), sagt sie: Warum? Wieso? und: Du mußt mir helfen! Da müßte er ihre Firma umstrukturieren, sagt Jürgen, und das könnte er nicht. Außerdem wäre das undankbar von ihm, wenn man ihm solche Komplimente macht ... Plötzlich weiß sie auch, wer Huchel ist, wer Bobrowski ist, und als Jürgen auf die Lücken hinweist, die sie in dieser Beziehung im Zug gehabt hat, sagt sie, ehe sie jetzt zu ihm gefahren sei, hätte sich einer mit ihr zwei Tage lang nur über Lyrik unterhalten. Jürgen fordert sie auf zu packen. Da fragt sie ihn, ob er für sie ein Buch weitersenden würde: Über absurdes Theater, Rowohlt, Stempel der Deutschen Staatsbibliothek, letzte Ausleiheintragung von vor zwei Jahren ... Jürgen fragt natürlich, woher sie das hat. Darauf sie wörtlich: Das haben wir hochgezogen. (Also glatte Falle: Beteiligung am Ringtausch gestohlener Bücher, dazu Westliteratur.) Jürgen begleitet sie zum Bus, und sie sagt fast drohend, er müsse ihr helfen, sie sei in einer schlimmen Situation. Jürgen bittet sie, ihn nie wieder zu besuchen, und noch in der Bustür sagt sie, offenbar könne er anderen Menschen überhaupt nichts geben, nicht einmal helfen könne er ... (Sie hätte unheimlich zupackende Augen gehabt, richtig nagend, sagt Jürgen.)«

GEFANGEN

Sie hatte den »Archipel GULAG« gelesen. Gegen mei-
nen Rat. Aber nicht die Berichte von den physischen
Foltern waren es, die sie verfolgten. »Hast du das
gelesen von der Ira Kalina?« sagte sie. Ich konnte
mich nicht erinnern. – Im Bahnhof der Butyrka,
eines Durchgangsgefängnisses, sagt ein Käufer,
nachdem er die siebzehnjährige Ira Kalina entdeckt
hat: Na, zeigen Sie mal her, Ihre Ware! Sie wird
nackt zur Besichtigung vorgeführt.

»Wenn du dir vorstellst, daß es über Nacht wieder so
werden kann«, sagte sie, »es laufen doch genug
herum von diesen Typen – wenn du dir das vorstellst,
dann fragst du dich, warum du hier nicht doch ab-
haust. Lieber sich dabei abknallen lassen.«

ORGELKONZERT
(Toccata und Fuge)

*Die Schulbehörde in N. wies die Direktoren an zu
verhindern, daß Fach- und Oberschüler die Mitt-
wochabend-Orgelkonzerte besuchen. Lehrer fingen
Schüler vor dem Kirchenportal ab und sagten den
Eltern: Entweder-oder. Eltern sagten ihren Kindern:
Entweder-oder. Bald reichten die Sitzplätze im Schiff
und auf den Emporen nicht mehr aus.*
(Meldung, die in keiner Zeitung stand)

Hier müssen sie nicht sagen, was sie nicht denken.
Hier umfängt sie das Nichtalltägliche, und sie müssen
mit keinem Kompromiß dafür zahlen; nicht einmal
mit dem Ablegen ihrer Jeans. Hier ist der Ruhepunkt
der Woche. Sie sind sich einig im Hiersein. Hier
herrscht die Orgel.

Alle Orgeln –
die namenlosen, von denen jede »unsere Orgel« heißt,
die berühm-
ten, die Sil-
bermann-
schen, die
Orgel im
Dom zu
Freiberg,

die kleinen, die Orgel in
der Wehrkirche zu Pom-
ßen (zwölf Register, Zim-
belton und Vogelgesang),
die machtvollen, die Naumburger Wen-
zelsorgel (»Man muß aber auch ein an-
genehmes Schrecken fühlen, und mit
der bewenden Kirche gleichsam zu zit-
tern anfangen, wenn die etlich und fünf-
zig Register mit dem durchdringenden
Pedal zusammen gezogen werden, die
mit einem so gewaltigen Schalle ertö-
nen, daß das Gehör gleichsam davon
betäubet wird, und man fast denken
solte, als wenn es ein Krachen von ei-
nem rollenden Donner wäre.«),
alle Orgeln –

die im We-
sten: die
Mühlhause-
ner Orgel Jo-
hann Seba-
stian Bachs
(»Eines
Abends ging
ich nach dem
Leipziger
Kirchhof,
die
Ruhestätte
eines Großen

77

aufzusuchen:
viele Stunden
lang forschte
ich kreuz und
quer – ich
fand kein
›J.S.Bach‹... ·
und als ich
den Toten-
gräber darum
fragte, schüt-
telte er über
die Obskuri-
tät des Man-
nes den Kopf
und meinte:
Bachs gäb's
viele.«),
die im Norden: die Güstro-
wer Domorgel über Bar-
lachs »Schwebendem«,
dem entarteten, einge-
schmolzenen und wieder-
auferstandenen,
die im Süden: die Orgel zu Weimar,
unter deren Empore der Sarg Johann
Gottfried Herders steht (»Ohne Begei-
sterung geschah nichts Großes und Gu-
tes auf der Erde; die man für Schwär-
mer hielt, haben dem menschlichen Ge-
schlecht die nützlichsten Dienste gelei-

stet. Trotz allen Spottes, trotz jeder
Verfolgung und Verachtung drangen
sie durch, und wenn sie nicht zum Ziele
kamen, so kamen sie doch weiter und
brachten weiter.«),
die im Osten: die Orgel zu St. Peter und St. Paul in
Görlitz, die über und über mit Sonnen bedeckte,
flammende, die Licht-, die Sonnenorgel (»Salve!
mein schöne Grammatica und Rhetorica; Servitor!
mein schöne Logica und Arithmetica; Bassio le man!
mein schöne Geometrica und Astronomia. Aber sey
mir tausendmal willkommen! mein löbliche, liebli-
che, künstliche, köstliche, vornehme und angenehme
Musica! Andere seynd zwar freye Künsten, du aber
bist eine freye und fröhliche Kunst; du bist eine
Portion vom Himmel, du bist ein Abriß der ewigen
Freuden, du bist ein Pflaster für die Melancholey, du
bist ein Versöhnung der Gemüter, du bist ein Sporn
der Andacht, du bist ein Arbeit der Engel, du bist ein
Aufenthaltung der Alten, du bist ein Ergötzlichkeit
der Jungen.«),

           alle Orgeln –
    unter wessen Dach auch
    immer –
müßten mit einem Mal zu spielen be-
ginnen,
einsetzen mit vollem Werk,

                   mit ihren tief-
                   sten Pfeifen,
                   den zehn-
                   meterhohen,

79

und mit ihren
höchsten,
den millime-
tergroßen,
mit ihrem
Holz und
Metall, ihren
Zungen und
Lippen;
alle Orgeln –
die im Osten, Süden, Norden, Westen,
die sechstausendeinhundertundelf klin-
genden Pfeifen in der Kreuzkirche zu
Dresden, das Betstubenpositiv der
Grube Himmelsfürst zu Freiberg, die
von Bach geprüfte Orgel zu Hohnstein,
die zu Kirchdorf, die einfach »unsere
Orgel« heißt –
sie alle müßten plötzlich zu tönen beginnen und die
Lügen, von denen die Luft schon so gesättigt ist, daß
der um Ehrlichkeit Bemühte kaum noch atmen kann,
hinwegfegen – unter wessen Dach hervor auch im-
mer, hinwegdröhnen all den Terror im Geiste . . .
Wenigstens ein einziges Mal, wenigstens für einen
Mittwochabend.

MENSCH

»Der Mensch, der Mensch!« sagte sie, aufbegehrend
gegen das Gemessenwerden mit dem Maß der Maße.
»Was ist denn der Mensch! Nicht einmal ein Virus!
Schon wenn du an unsere Galaxie denkst. Und wie
viele Galaxien gibt's denn!«
An einem Montagvormittag aber, während zweier
Freistunden, läuft sie, nicht einmal ein Virus, von
Schallplattengeschäft zu Schallplattengeschäft und
fragt nach dem Konzert für zwei Cembali und
Streichorchester, c-moll, Bachwerkeverzeichnis
1060, das sie am Sonntag gehört hat.

Eine Party, die bestimmt bis gegen Morgen gehen werde, so daß es sich nicht lohne, zum Schlafen nach Haus zu kommen? Mitten in der Woche, in der Schulzeit? Ich riet ihr ab. »Am nächsten Tag werdet ihr im Unterricht durchhängen, was zu euerem eigenen Schaden sein dürfte«, sagte ich. »Außerdem könnte dieser oder jener Lehrer einen Tagesordnungspunkt daraus machen.«

»Juckt mich doch nicht«, sagte sie.

Ich schoß mich in eine Umlaufbahn um den Schreibtisch. »Was wollt ihr? ... Wissen!« sagte ich. »Zumindest solltet ihr es wollen, denn nicht mitlügen zu wollen, genügt nicht. Und wenn ich *Wissen* sage, weißt du, daß ich das exakte Wissen meine, über das die Lehrer auch verfügen. Wann also werdet ihr begreifen, daß ihr diejenigen Lehrer, die kein Interesse daran haben, euch ihr Wissen zu verweigern, nicht in eine Situation bringen solltet, in der sie denen beipflichten müssen, die euch lieber heute als morgen lossein würden? Und diesen, die in euch eine Gefahr sehen – sei's nun für das Heil der Welt, wie sie es sich vorstellen, oder sei's für ihre Karriere, um deretwillen sie das Leben jedes jungen Menschen verpfuschen, dessen Aufrichtigkeit ihnen im Wege steht – diesen Lehrern solltet ihr die Argumente gegen euch nicht noch selbst liefern – gewissermaßen auf dem Party-Tablett!«

Sie stand da, den Kopf gesenkt.

»Und denke an Born«, sagte ich. – Born zählte. Neunzehnhundertachtundsechzig hatte er sich als einziger Lehrer der Schule geweigert, eine Erklärung zu unterschreiben, in der der Einmarsch in die Tschechoslowakei begrüßt worden war. Danach hatte er sich für einige Monate in eine Nervenklinik zurückgezogen. Sie wußte auch, daß er wiederholt für sie eingetreten war. Vor kurzem erst hatte ein Lehrer, der neu war an der Schule, sie auf dem Bordstein sitzen sehen und dieses Benehmen vor die Konferenz gebracht: Das sei Gammlertum, einer Oberschülerin unwürdig. Born hatte gefragt: Und einer jungen Arbeiterin? »Jedes Argument, das ihr gegen euch liefert, liefert ihr gegen ihn«, sagte ich.

Plötzlich standen ihr Tränen in den Augen. Ehe sie das Zimmer verließ, sagte sie: »Wenn ihr wenigstens wie Byllis Eltern wärt: stur, alles verbieten und so, dann könnte man wenigstens was machen gegen euch!«

ZWISCHENBILANZ

Sie ist die Faust, mit der Gott auf ihre Eltern nieder-
fährt. Aber eine Faust, die weinen kann.
Mit dieser unmöglichen Metapher leben.

Café Slavia

1968

Kommt ins Slavia, wir werden schweigen.
Jiří Mahen

HINTER DER FRONT

Am Morgen des 22. August 1968 wäre meine Frau beinahe gestürzt: Vor der Wohnungstür lag ein Strauß Gladiolen. In der Nachbarschaft wohnte ein älteres Ehepaar, das einen Garten besaß und manchmal Blumen brachte. »Wahrscheinlich haben sie gestern abend nicht mehr stören wollen«, sagte meine Frau.

Am Nachmittag kam sie mit drei Sträußen im Arm. »Das ist nur ein Teil«, sagte sie. Sie waren in der Klinik, in der meine Frau arbeitet, für sie abgegeben worden, und außer ihr selbst hatte sich niemand darüber gewundert. Es sei doch bekannt, daß sie aus der Tschechoslowakei sei.

DER MANTEL

Die Garderobenfrau ließ meinen Mantel, den sie in einen Aufzug gehängt hatte, ins Magazin hinab, und ich betrat das Café.

Endlich stimmte die Geografie wieder für mich: auf die großen Fensterscheiben, an denen ich mir einen Platz suchte, war die Kanonenmündung eines der Panzer gerichtet gewesen, die auch auf mich zugefahren waren.

Ich war in Prag.

Für einen Hamburger Verlag hatte ich Vladimír Holans Poem »Nacht mit Hamlet« übersetzt, und ich konnte das Buch nicht in Druck geben, ohne die Übersetzung mit dem Autor besprochen zu haben. Da es der Staatsbank Devisen bringen würde, hatte ich ein Visum für die Tschechoslowakei erhalten, in die zu reisen im Augenblick verboten war.

Hier, im Café Slavia, wollte ich Karten schreiben. Die Aushänge der Zeitungskioske waren mit groß-formatigen Kunstpostkarten bestückt – alte Stiche, die das mittelalterliche Prag während einer Belage-rung zeigten oder in der Vogelperspektive die Schlacht auf dem Weißen Berg 1620, nach der Böh-men rekatholisiert worden war und ein großer Teil der tschechischen Intelligenz das Land verlassen hatte.

Prag, den 9. Dezember 1968.

Die Kellnerin ließ auf sich warten, was ich ohne

Ungeduld registrierte. Ich bin Teetrinker, und die Kunst, Tee zuzubereiten, ist die einzige Kunst, deren Blütezeit in diesem Land noch aussteht.

Ich schrieb nach Mähren und zwei besonders sorgfältig ausgewählte Karten nach Moskau, wo mich im Frühling Freunde in das Restaurant Prag eingeladen hatten: Wir hatten auf die Tschechoslowakei angestoßen.

Als ich nach vierzig Minuten noch immer nicht bestellt hatte, machte ich eine bittende Geste zur Kellnerin – der Anstand, schien mir, gebietet es. Doch hatte ich ihre Blickhöhe offenbar unterschätzt. Mein nächstes Handzeichen, das, davon war ich überzeugt, bemerkt worden war, blieb ebenfalls erfolglos.

Ich begann zu argwöhnen, daß an meinem Tisch nicht bedient würde. Der Gast, der sich wenig später mir gegenübersetzte, hatte die Zeitung jedoch noch nicht völlig auseinandergefaltet, als die Kellnerin herantrat und ihn nach seinen Wünschen fragte. Meine Bestellung nahm sie nicht entgegen. Sie kehrte mir den Rücken zu und ging.

Mit einemmal wurde mir bewußt, daß von dort, woher ich kam, Truppen in die Tschechoslowakei eingefallen waren.

2

»Hast du diesen Mantel im Café abgegeben?« Meine Freunde blickten einander aus den Augenwinkeln an. Ich hatte das Firmenschild im Futter nie beachtet: INFORM. Und in russischer Schrift: Isgotowljeno w GDR.

»Du hast dich noch gar nicht gesetzt, da wissen die Kellner schon Bescheid«, sagte die Kollegin, die den Kaffee einschenkte.

Einer fragte: »Was hast du gemacht dort?«

»Karten geschrieben.«

»Sag nur noch, in die Sowjetunion.«

Als ich bejahte, verschluckte er sich. »Daß jetzt kein junger Donezkumpel durch Prag spaziert – dazu noch ohne Brigade, ist doch klar.«

»Wir müssen einen Ausweis für Freunde einführen«, sagte die Kollegin. Und: »Trink. Wir kochen noch mehr.«

3

Die Nachricht, mir sei in der Slávka – wie das Café Slavia im Prager Slang heißt – der Kaffee verweigert worden, eilte mir voraus. Wo immer ich mich angesagt hatte – ich wurde mit Kaffee empfangen.

Drei Tage und drei Nächte trank ich Kaffee von einer Stärke, die, ließe sie sich ins Militärische übertragen, alle noch verbliebenen eingerückten Panzer außer Gefecht gesetzt hätte: Die Soldaten wären hellwach nach Haus gegangen.

MEIN FREUND,
EIN DICHTER DER LIEBE

Er ist einer der Couragiertesten zwischen March und Moldau, ein Tabu-Brecher, ein Dogmen zersetzender Ironiker. Er hatte das Frühjahr 68 mit herbeigeschrieben.

»Morgens gegen drei steht eine Frau hinter der Tür und ruft meinen Namen, und gerade diese Nacht ist Alena bei mir«, sagte er. Mit Alena ist er verheiratet. Sie wohnten nicht in Prag. Er arbeitete hier nur und hatte hier ein Zimmer. »Du weißt doch, wie eifersüchtig Alena ist«, sagte er. »Zum Glück hat sie einen kindlichen Schlaf. – Die draußen wartet, und ich überlege, wer das sein kann: Jana? Evička? ... Dáša? Dáša hatte ich erst vor ein paar Tagen kennengelernt. Auch ein herrliches Mädchen! Aber wenn du mit einer ein Mal geschlafen hast, erkennst du sie noch nicht gleich an der Stimme. Sie ruft wieder, klopft. Jetzt regt sich auch Alena. Ich lege ihr die Hand auf den Mund und sage, sie soll sich nicht rühren, wahrscheinlich ist das jemand, dem sie die Bar zugemacht haben, und der weitertrinken will. Dann höre ich, wie sie draußen weggeht ... Halb sieben klopft es wieder. Dieselbe Stimme. – Ich gehe aufmachen, sagt Alena. – So kannst du doch nicht, sage ich und versuche, sie davon abzubringen. – Ich bin aber neugierig, sagt sie und nimmt sich den Morgenmantel. Als ich sehe, daß die Katastrophe nicht mehr abzuwenden ist, verziehe ich mich ins

Bad. Alena kommt zurück, blaß. Prag ist besetzt, sagt sie, auf dem Wenzelsplatz stehen sowjetische Panzer. – Junge, wenn du wüßtest, was da in mir vorging: War ich froh, als es nur die Panzer waren.«

ABER HELDEN
(Stichworte des Mot.-Schützen M.)

Erster Alarm Ende Juli. Drei Tage, dann abgebro-
chen. Urlaubssperre. Begründet mit NATO-Manö-
ver »Schwarzer Löwe« ... Beim nächsten Alarm
schon Flinte und Munition auf dem Bett. Tarnklei-
dung. Mittags Roter Treff. Jeden Tag aufladen, abla-
den ... Erste Meldungen über Buschfunk: Tschechi-
sche Filmtruppe hätte Film unter Beteiligung der
Bundeswehr drehen wollen, was die Bundeswehr
zum Vorwand genommen hätte, in die Tschechoslo-
wakei einzumarschieren. Unruhen in Prag ... Beim
Roten Treff offiziell bestätigt. Linie: Weil wir damit
rechnen müssen, daß die Bundeswehr vor unserer
Grenze nicht Halt macht, müssen wir notfalls angrei-
fen ... Unser Radio – großer Super – wird blockiert:
nur noch Deutschlandsender und Radio DDR. Skala
wird mit Heftpflaster überklebt. Höhere Alarmstufe.
19. 8. Frühalarm. Keine Roten Treffs mehr. 20. 8.,
drei Uhr dreißig, Antreten mit Sturmgepäck. Aus-
händigung von Truppenschutzmaske und Jumbo –
Spitzname für Atomschutzplane. Wir hatten welche
dabei, die hatten erst acht scharfe Schuß abgegeben.
Kurz noch einmal Einrücken – außer Offiziere und
Stabsfeldwebel –, dann los. Ohne Fahrtzielangabe.
Und ohne Rast durch. In P ... Panzerregiment auf
Tiefladern. Am 21. früh Aufklärung auf dem Auto.
Gedruckte Flugblätter: Hilferuf aus der Tschechoslo-
wakei an den Warschauer Pakt. Pflichterfüllung. Er-

ste Bewährungsprobe. Hinweis auf Eid. Über den Grund des Hilferufs kein Wort ... Die meisten betrachten das Ganze als Abwechslung. Einzige Sorge: Hauptsache, wir sind Oktober zurück. Betraf nur die EKs: Im Oktober war ihre Zeit um ... Fahrt durch Nord- und Mittelböhmen. 30 km vor B. Stop. Wald. Führerbunker. Fünf Zelte. Soldaten müssen sich Loch buddeln, Zeltbahn drüber, fertig. Abstand Mannschaft-Offizier sehr kraß. Noch. Aber Stimmung normal. Kaum Dienst. Täglich zwei bis vier Stunden Politunterricht. Argumentation unverändert: Einmarsch der Bundeswehr, NATO-Manöver »Schwarzer Löwe« im grenznahen Raum. Lehrbandvorträge, zum Teil mit Lichtbildern. Brillanter Vortrag über Beat mit Textanalyse von »Ich lege Feuer«. Ich lege Feuer, das ist mein Schicksal. Das Politische daran: Der Mensch denkt nicht weiter. Dazu viel Beat. Außerdem Diskussion über die Beatles. Wieder mit viel Musik. Massen beruhigt. Auch politisch. Die Unruhen in Prag seien von Rowdys verursacht worden. Man sei Herr der Lage. Die militärische Aktion richte sich nicht gegen das tschechische Volk ... Nach außen völlig abgeschirmt. Keine Zeitungen. Ein einziges Mal ND. Post: nur offene Karten mit Feldpostnummer. Textmodelle vorgelegt: Macht euch keine Sorgen, mir geht's gut. Mit Hubschrauber nach Berlin. Dort gestempelt ... Neben uns Polen, weißer Streifen am Helm. Neben den Polen Sowjets. Jeder in eigenem Lager ... Plötzlich neueste Erkenntnisse über Hilferuf: Die Unruhen in Prag seien gegen Dubček gerichtet gewesen, und die

Polizei hätte die Situation nicht mehr unter Kontrolle gehabt. Waffenfunde ... Kraftfahrer bringt Story mit: Waffenbruder hat Armee-Eigentum gegen Alkohol eingetauscht. Standrechtlich erschossen ... Panik. Roter Treff. Frage, wie das in einer sozialistischen Armee möglich ist ... Drucksache verteilt: Was ist mein Vaterland? Kommentar zum Eid. Betonung der Ernsthaftigkeit des Eids. Wer ihn ablegt, unterstellt sich der Militärgerichtsbarkeit. Härteste Strafe, da Kriegsrecht ... Erstmals wird bekannt, daß Kriegsrecht herrscht. Der Kupferbolzen stand uns so weit in der Hose! Angst ums nackte Leben. Jeder Schritt, jede Äußerung konnte Tod bedeuten. Zum Beispiel im Suff. Die Moral ist hin ... Naßkaltes Wetter. Klamotten klamm, dreckig. Die EKs sehen schwarz: schon Mitte September! ... Bis dahin normale Filme: DEFA, SU. Nichts Politisches, Unterhaltung. Jetzt Filme, um Stimmung hochzuputschen. Französisch-italienische Koproduktionen. »Tiger der sieben Meere«, »Die drei Musketiere«. Als das nicht mehr zieht – Sex. Schwedische Filme mit englischen Untertiteln. Für uns Stummfilme. Aber Fleisch. Einer hieß »Schwarzer Kies«. Ein englischer, glaube ich. Frau Mitte dreißig, ziemlich wohlhabend, pickt sich einen von der Straße auf und nimmt ihn aus als Mann. Laugt ihn aus, macht ihn fertig. Dann stößt sie ihn zurück in sein asoziales Milieu. Nur Bettszenen. Mit Vor- und Nachspiel. Die Kämpfer haben geröhrt ... Allmählich – durch Kraftfahrer – sickert einiges von draußen durch: mißglückte Versuche, Kontakt zu Tschechen aufzunehmen. Großes Erwachen: »Ich denke, die haben uns gerufen?!« Jetzt ist klar, warum in Prag die Sowjets stehen und nicht wir. Hätte Erinnerungen geweckt . . . Der Haufen demoralisiert zum Haufen. Jedes zweite Wort ist »Heimgang«. Für Guten Tag, danke – Heimgang. Einzelne Offiziere fast kumpelhaft. Vor allem, wenn ein diensthabender Soldat nachts über geheizte Fahrzeugkabine verfügt . . . Schließlich wird bekanntgegeben, Dubček sei abgesetzt. Er hätte gegenüber dem Klassenfeind nicht die notwendige Härte aufgebracht . . . Von da an gab's für alles, was schiefging, nur noch die eine Redewendung: Dubčeks letzte Rache! – Sich mit dem Büchsenöffner geschnitten: Dubčeks letzte Rache! »Dritte Kompanie Kartoffeln schälen!«: Dubčeks letzte Rache! Eine Frage provozierender als die andere. Keiner hat mehr Angst. Man hätte nur noch geschossen, um das eigene Leben zu verteidigen. Ich bin in dieser Zeit gereift wie in Jahren nicht! . . . Zuletzt: Alkohol. Offiziell Alkoholverbot. Jetzt täglich eine große Flasche Bier. Unter der Hand auch Schnaps. Je nachdem, wie man bei Kasse war. Da war immer welcher . . . Am 28. Oktober Rückfahrt. Auf unserer Seite in jedem größeren Ort Halt. Junge Pioniere. Halstücher. Tee. Bürgermeister. Betriebsdelegationen. Bilder. Geklebte Mappen. Schulklassen mit Wimpeln. Auf dem Marktplatz »Manöverball«. Das einzige: FDJlerinnen. Endlich mal was zum Anfassen. Vier Tage – das Ganze. Die Soldaten – nur sauer reagiert. Ausgesehen wie die Schweine. Unterwäsche in zwei Monaten dreimal gewechselt. Gestunken. Aber Helden.

HANDSCHELLEN

Nach einer letzten Inspektion ... wurden wir, jeder von einem Soldaten begleitet, aber ohne Handschellen, am 19. November 1945 zum erstenmal in den Gerichtssaal geleitet ...
(Albert Speer, Angeklagter im Nürnberger Kriegsverbrecherprozeß)

»Ich war nur vier Monate inhaftiert, dann kam die Amnestie«, sagte S., Pfleger in einer thüringischen Heilanstalt. »Ich hatte Flugblätter gegen den Einmarsch in die Tschechoslowakei hergestellt und in der Nacht vom 25. zum 26. August an Bäume und Klingelbretter gezweckt. Ungefähr acht. Aber ich hatte noch mehr. Den Text weiß ich nicht mehr genau. Am Schluß hieß es: Bürger, erwacht! ...
Schlecht bin ich während der Haft nicht behandelt worden. Nur vor dem Untersuchungsgefängnis haben sie mich an den Haaren aus dem Auto gezogen ... Und dann mußte ich nackt vor den Polizisten stehen und die Anstaltsordnung lesen ... Einmal haben die Schließer mit mir Fangball gespielt – das heißt, ich war der Ball. Da wird man von einem zum anderen gestoßen, und manche stehen so, daß man sie nicht sieht; dann denkt man, man stürzt. Hinterher zittern einem ganz schön die Knie ... Zur Verhandlung bin ich in Handschellen und unter zwei

Mann Bewachung über den Gefängnishof geführt worden. Das Urteil lautete auf anderthalb Jahre Jugendgefängnis. Das ist nicht Werkhof, sondern schärfer. Aber in der Begründung hieß es, das Gericht habe mein Alter berücksichtigt, und deshalb sei die Strafe so mild ausgefallen. Ich war fünfzehn.«

Ohne Hoffnung, ohne Skepsis.
(Handschriftliche Widmung des Einkäufers der Land-
wirtschaftlichen Produktionsgenossenschaft Prosetín,
Dr. habil. Vítězslav Gardavský, ehemals Dozent für
Philosophie, Brünn, in ein Exemplar seines Buches
»Hoffnung aus der Skepsis«)

DAS BEGRÄBNIS

Es ist die Zeit der stummen Begräbnisse.
(Ein Bürger Prags)

»Das Begräbnis findet heute siebzehn Uhr statt.«
Der anonyme Anrufer legt auf ... Begräbnis? Wes-
sen? Man überlegt, wen man anrufen könnte, und
erfährt: A. ist gestorben. Krematorium Motol.
Die in Motol wohnen, machen sich um sechzehn Uhr
auf den Weg. Sie wissen: Wenn ein Mann wie A.
gestorben ist, ist es nicht ratsam, daß alle zur glei-
chen Zeit auf die Straße gehen. Die Polizei könnte
das mißverstehen. Für jene aber, die am anderen
Ende der Stadt wohnen, ist es beschwerlicher, nach
Motol zu gelangen, so daß sie erst später kommen
werden.
Die Polizei hat die Straße gesperrt und leitet alle
Autos, die zum Krematorium wollen, über Vororte
und Dörfer um.
B. wird sprechen. Man hat ihm fünf Minuten erlaubt.
B. hat gesagt: Gut, das genügt. Vor dem Kremato-
rium sagt man ihm: Nur eine Minute! B. sagt: Gut,
das genügt. Am Sarg sagt er: »A. ist gestorben. Ich
bitte Sie, sich von den Plätzen zu erheben.« Und
dann: »Ich danke Ihnen.« Genau eine Minute. Aber
es ist nicht üblich, sich von den Plätzen zu erheben.
Als die Hinterbliebenen aus dem Krematorium tre-
ten, können sie nichts sehen. Man hat die Friedhofs-

102

beleuchtung nicht eingeschaltet. Der Weg geht bergab, und ab und zu kommen ein, zwei Stufen. Aber er ist von Menschen gesäumt. Jeder, der auf der Höhe einer Stufe steht, sagt: Stufe. So daß keiner fällt.

BERICHT EINES PRAGER
FASSADENGLASREINIGERS

»Vier Monate war ich ohne Arbeit. An die siebzig
freie Stellen bin ich abgelaufen – nichts. Dann end-
lich hatte ich eine als Fäkalisator. Aber als ich anfan-
gen wollte, hieß es, es ginge nicht, weil ich in diesem
Beruf zu viel verdienen würde. Wenn sie dir deinen
Posten aberkannt haben, darfst du eben nur eine
bestimmte Summe verdienen ... Inzwischen waren
sie dreimal bei mir. Du kennst viele, du warst im
Auswärtigen Dienst, sagten sie, schreib auf, was du
über die einzelnen weißt – und alles ist vergessen! ...
Daß ich außen stinke, hätte ich in Kauf genommen.«
Er neigte mir leicht sein Glas zu, dann trank er.

POST AUS BÖHMEN

Er hat ein halbes Hundert Bücher zeitgenössischer Dichtung und der Weltliteratur ins Tschechische übersetzt. Er hat ungezählte Impulse zur Verbreitung von tschechischer und slowakischer Literatur im Ausland gegeben, ausländische Übersetzer, Lektoren und Verleger beraten und ein Lebenswerk an Vor- und Nachworten verfaßt.

Als nach dem Jahr 68 hochgeachtete Wissenschaftler das Institut verlassen mußten, an dem auch er beschäftigt war, kündigte er aus Protest.

Seitdem wird in der Tschechoslowakei seinem Namen nur noch die Öffentlichkeit eines Wohnungstürschildes und einer Postanschrift gestattet.

2

Brief vom 4. Juli 1975: »Alles wird scharf überprüft. Vor allem bei meinen Kameraden ... Aus meiner Reise wird selbstverständlich nichts. Wer weiß, ob es mir in Zukunft noch erlaubt sein wird, in ein sozialistisches Land zu reisen! Man kann offensichtlich nicht begreifen, daß jemand dreihundert Leute im Ausland kennt, und daß das in meinem Beruf normal ist. Gewiß kann ich in meiner Arbeit für die tschechische Literatur im Ausland und für die ausländische Literatur hier wirkliche Positiva vorweisen. Aber erzählen Sie das jemand, der zur Kultur berufsweise für ein paar Monate gekommen ist ... Vielleicht wird es mir aber doch noch einmal möglich sein, einigen wichtigen tschechischen Büchern über die Sprachbarriere zu helfen – wenn es sein muß, unentgeltlich. Das, was der Mensch liebt, muß er sich nicht bezahlen lassen, nicht wahr?«

Brief vom 24. Oktober 1975: »Unser Sohn wurde nicht einmal zur Berufsausbildung mit Abendschule zugelassen, obwohl er bei den Prüfungen von 80 Bewerbern der beste war. Angenommen wurden 20 ... Das schreit zum Himmel, und ich wünschte, erleben zu dürfen, daß der Verantwortliche dafür büßen muß.«

Karte vom 7. November 1975: »Ich mache Interlinearübersetzungen ... Wahrscheinlich vergebens. Aber etwas muß der Mensch für den größeren Ruhm der tschechischen Poesie tun! Finanziell sind wir am Nullpunkt angelangt. Aber irgendwie werden wir wohl überleben ... Unser Sohn ist sehr verbittert. Die Härte und Willkür ihm gegenüber ist zu kraß: Doch nicht nur ihm gegenüber.«

3

Eine der Marken, mit denen die Briefe frankiert sind, zeigt unter der Schriftzeile *Tschechoslowakei – Befreiung durch die Sowjetarmee 1945–1975* tanzende Sowjetsoldaten inmitten von tanzenden, Sträuße schwingenden jubelnden tschechischen und slowakischen Kindern, Frauen und Männern.

PASTEURELLA PESTIS

»Bereits mit Beginn des neuen Jahres stellte Beneš 1945 in London seine Leute auf. Doktor Ducháček, ein Nationaler Sozialist und die rechte Hand des Ministers Hubert Ripka . . ., wurde plötzlich einer der führenden Politiker der Volkspartei. Ebenso der Trotzkist Pavel Schönfeld-Tigrid (Jude – Anm. d. Red.)«

Praktischer Arzt, Zeitschrift für ärztliche Fortbildung, Prag, 20. April 1975, Seite 233.

CAFÉ SLAVIA

»Die Tasche auch?« fragt die Garderobenfrau. Ich verneine, zahle und suche mir einen Eckplatz, wo ich die Tasche neben mich stellen kann. Mit einem Blatt Papier säubere ich die Tischplatte von Krümeln, Tabakresten und klebrigen Flecken. Von der Dachbalustrade des Nationaltheaters, das man durchs Fenster sieht, hängen vier riesige Fahnen herab – zwei tschechoslowakische und zwei sowjetische.
Der Tee kommt.
Ich öffne die Tasche.

Tausend Jahre tschechische Poesie. Band I–III, Prag 1974.
Jeder dieser großformatigen Ganzleinenbände ist in einer der Nationalfarben ausgestattet und hat am Kopf, ebenfalls in den Farben der Nation, je drei seidene Lesebänder. Neunhundert zweispaltig gesetzten Textseiten sind hundert ganzseitige Schwarz-Weiß-Reproduktionen von mittelalterlichen Autographen, Titelblättern kostbarer Erstausgaben und Dichterporträts angefügt. Die erste Auflage beträgt 15 000 Exemplare.
Ein Kenner sagte, die Herausgeber hätten in der mittelalterlichen Poesie religiöse Motive retuschiert, und jeder belesene Liebhaber tschechischer Dichtung sieht auf den ersten Blick, daß im dritten, dem

108

zwanzigsten Jahrhundert gewidmeten Band die Namen bedeutender Dichter fehlen. Einige fehlen selbst dann, wenn man als gegeben hinnimmt, daß nur Autoren aufgenommen wurden, deren Geburtsjahr vor 1920 liegt.

Jan Zahradníček,geboren 1905, ist einer der bedeutendsten Dichter seiner Generation. Gemeinsam mit anderen Repräsentanten des Katholizismus in der Tschechoslowakei wurde er 1950 wegen staatsfeindlicher Tätigkeit angeklagt und danach zehn Jahre eingekerkert. 1960, unmittelbar nach seiner Begnadigung, starb er an den Folgen der Haft. 1966 wurde er posthum freigesprochen und in vollem Umfang rehabilitiert. Sein Name fehlt.

Oder es fehlen die Namen Oldřich Mikulášek und Jiří Kolář.

Oldřich Mikulášek
DER WALD

Ich liebe den wald,
weil er nicht viel spricht,
nicht einmal zu lebzeiten.

Nur manchmal lausch ich in die nacht
nach der blutigen fehde seiner kronen
mit dem erzürnten sturm,
und mit grauen stürzt,
stein oder nicht stein,
dann auch der bach.

Nach dem tod – nur baumstämme –
leuchten sie mit den seelen verstorbener
und verwachsen mit dem hallimasch,
ihren kleinen waisen.

Sie duften, daß du dich hinknien
und das haupt zu diesen henkerstöcken neigen
                                        mußt,
um wenigstens etwas einzuatmen
vom schicksal derer, die
das ganze leben aufrecht stehen.

Jiří Kolář
AUS »BRÜCKEN«

Einer reihe mädchen mit gespreizten beinen gleich
Gleich einer sträflingskolonne
Einem lächeln gleich gefunden in den krümmungen
der nacht
Allem gleich vom kamm bis zur bahre
Heben die brücken ihre nackten leiber dem himmel
entgegen
So wölbt sich zwischen uns die poesie
Da aus stein dort aus stahl
Hier ein geöffneter schatz andernorts voller tanzen-
der kinder
So wölbt sich zwischen uns die poesie
Unerbittlich
Auf leben und tod zwischen leben und tod

Dichteralmanach. Auswahl von Versen zeitgenössischer tschechischer Dichter, die mit dem Klub der Freunde der Poesie zusammenarbeiten, vorgelegt von einem Kollektiv der Redakion Poesie, Prag 1973. Erste Auflage 13 000 Exemplare.
Die meisten der berühmten oder bekannten Namen fehlen – Namen von Mitbegründern des Klubs, von Dichtern, die der Klub vor noch nicht langer Zeit mit prachtvollen Ausgaben ihrer Werke gefeiert hat, von jüngeren Schriftstellern, die in den sechziger Jahren alle mit ihm zusammengearbeitet haben.
Vergebens sucht man zum Beispiel die Namen Antonín Bartušek, Ludvík Kundera und Jan Skácel.

Antonín Bartušek
DIESE PAAR JAHRE

Du willst nicht aufgeben.
Noch hoffst du.
Bewahrst die fingerabdrücke auf
aller katastrophen.
Sehnst dich, sie bei der tat zu ertappen.
Der schnee fällt doppelt.
Mit einemmal haben wir graues haar,
beide.

112

Ludvík Kundera
NORTIA

Vor den augen der menschen
verbirgt sie ein schleier

Sie steht über allen
und außerhalb von ihnen

In ihre macht
fallen zeit und raum
In ihren domen
wird bci festlichem abschluß eines jeden jahres
in die mauer
ein nagel geschlagen

Geheimnisvolle göttin des schicksals . . .

Das menschliche schicksal
gleicht aber nicht einer mauer

Es muß
mehr als nur einen nagel ertragen

Pro tag

Versickerungen. Zwölf Gedichte von Jan Skácel, be-
gleitet von sechs Radierungen Jiří Liškas. Fünfund-
zwanzig numerierte und unverkäufliche Exemplare,
davon fünfzehn auf handgeschöpftem Papier. Brünn,
Frühling neunzehnhundertvierundsiebzig.
Die immer wiederkehrenden Motive der Radierun-
gen sind spähende Augen, Krallen, hackende Schnä-
bel, ein entblößtes Geschlecht, Grabkreuze.

BESUCHE

Böse hirschkühe kommen auf unseren hof,
kommen und stehen herum und neigen die schönen
köpfe.

Ein unbekannter geruch flößt ihnen grauen ein,
sie kosten die angst wie einen weißen brocken salz.

Mit klopfendem herzen atmen sie in unseren traum
und ziehen vom himmel das heiße heu der sterne.

Und wenn sie wieder weggehn, hinterlassen sie im
staub
abdrücke böser und harter kleiner hufe.

Rudel böser hirschkühe kommen auf unseren hof,
warten die ganze nacht und gehen fort am morgen.

AUS »VERBOTENER MENSCH«

Und wieder bin ich unhörbar, unhörbar wie das licht.

So bis ins einzelne befasse ich mich mit der stille,
daß ich, dem tastsinn folgend, die angst durch-
schneide.

Die fremde und die eigene.

Und deshalb scheint's, ich gehöre zu ihnen,
wenn blinde sich umdrehn.

Gemeinsam ziehen wir im finstern uns durchs nadel-
öhr.

AUS »DIE, DIE VERBIETEN«

Sie fürchten sich quer, wie brücken sich fürchten,
die der schutzengel mied, die nur stein stehn an stein.
(So enden sie oft in der mitte des flusses,
bis auch er nicht mehr sein darf, nicht einmal sein.)

AUS »DIE, DIE SICH SELBST VERBOTEN HABEN«

Solche gibt's, die leergewollt sind,
schon nur noch durch das schlüsselloch zu existieren,
und gefangen auf ihren eigenen birnen,
den nicht sehr süßen,
lehnen sie es ab, sich zu erlösen und den zaun zu
überspringen.

Sie klettern nicht vom baum, eher legen sie den kopf
in den nacken,
so entschieden,
daß sie für immer hängen bleiben,
dem stiefhimmel ein wenig näher.

Und sie werden ausgesetzt sein dem blick durchs
geäst,
wenn rings um die körper das laub abfällt.

Der Fehler der Pfirsiche. Hundert Vierzeiler von Jan Skácel. Dieses Buch wurde vom Autor im Winter 1974 verlassen.

Das Werk erschien in wenigen maschinengeschriebenen Exemplaren als zweiundvierzigster Band einer Edition, in der Autoren, die in der Tschechoslowakei zur Zeit nicht publizieren können, die Existenz ihrer Werke dokumentieren. Die Edition ist unter dem inoffiziellen Namen »Petlice« (Riegel) bekannt.

XXVI
WIR SIND BETTLER UND WOLLN WENIG
UND REICHT UNS EINER EINST EIN WORT
SO SELBSTVERSTÄNDLICH WIE DAS WASSER
GEHN WIR IN WARME LÄNDER FORT

XLVIII
FORDERN WIR FÜR ALL DEN SCHMERZ
                              NICHT MEHR
NOCH WENIGER   HALTEN WIR
ZWISCHEN DEN LIPPEN DIE ROSE   GLÜCK
GIBT'S NUR FÜR TOTE UND FÜR KINDER HIER

117

LXXI

IN DEN SCHEUNEN TROCKNET AUF-
                    GEHÄNGTE STILLE
DIE BÄREN MEINER TRÄUME NAHMEN
                    ALLE BIENENSTÖCKE AUS
DIE ZEIT BLIEB STEHN IN FERNER ZUKUNFT
UND BLEIBT VERGANGEN AUF DER TENNE
                    HINTERM HAUS

Anstelle eines Nachworts

FORSTARBEITER

»Herr Doktor?«

»Ich bin nicht der Herr Doktor.«

»Ach so.« Der Mann, der im Dunkeln über den Zaun gerufen hatte, ging in die Laube nebenan zurück, wo man bei Harmonikamusik saß und ab und zu schallend lachte.

Obwohl ich kaum noch etwas sah, mähte ich weiter. Ich war hier, um ein Buch zu Ende zu schreiben, und da der Arzt, dem das Wochenendhaus gehört, den Besuch seiner Frau und zweier Enkel angekündigt hatte, wollte ich die Wiese geräumt haben. Wenn das Sensenblatt einen Stein streifte, schlug es Funken.

»Herr Doktor?« Wieder stand der Mann am Zaun.

»Ich bin nicht der Herr Doktor.«

»Na, da komm doch du mal rüber, verdammich!« – Ich trug Sense und Wetzfaß unter das Vordach und ging hinüber.

Die Anzahl der leeren Flaschen auf dem Tisch ließ den Promillegehalt des Blutes erahnen, das hier kreiste. Man rückte noch enger zusammen, und die Frauen kreischten.

»Nun sag mir nur mal, was machst du denn da drüben?« fragte der Mann, der an den Zaun gekommen war und den ich unlängst mit einem Gespann hatte Holz schleppen sehen. »Ackerst du oder mähst du?«

Alle lachten.

»Gib's zu, du hast geackert! Das war doch ein Kra-
chen und Blitzen!«

Er solle mich in Ruhe lassen, sagte der Hausnachbar.
Das sei stellenweise Schuttgrund, er selbst habe da-
mals den Bruch mit hingekippt . . . Außerdem sei ich
Schriftsteller.

»Was bist du – Schriftsteller?« fragte der Gespann-
führer. Und unvermittelt laut: »Hast du Hunger?«

Mit soviel Schlüssigkeit hatte sich noch nie jemand
nach meinen leiblichen Bedürfnissen erkundigt.

»Trautel« – er drehte sich nach der Frau um, die den
Konsum leitete – »Trautel, hol ein Glas Wurst rüber,
eins von den großen, der kriegt von mir ein Glas
Wurst, der hat Hunger!«

Die Frau nahm die Aufforderung nicht ernst und
lachte mir zu.

Er aber bestand darauf, daß sie mir ein Glas Wurst
bringe, und so zuckte sie mit den Schultern und
zwängte sich an den Knien der anderen vorbei. Sie
war bereits an der Tür, als er plötzlich sagte: »Das
heißt – wart mal, ich will ihn erst noch was fragen.«

Die anderen lärmten, und er schlug mit der Faust auf
den Tisch. »Seid nur mal ruhig!« Dann blickte er
mich ein wenig von der Seite an. »Schreibst du's,
wie's in der Zeitung steht, oder wie's im Leben
ist?«

ANMERKUNGEN

Sie (Tochter) und das erzählende Ich (Vater) sind frei erfundene Personen.

Menschenbild (I): Friedrich Wilhelm I. (1713–1740), genannt Soldatenkönig.

Element: Sollte 1973 ein Lessing-Medaillen-Träger mit Vornamen Michael Chemiefacharbeiterlehrling gewesen sein, so ist nicht von ihm die Rede. Dennoch ist nichts erfunden.

Besuch: Biermann – gemeint ist der Dichter und Sänger Wolf Biermann. Havemann – gemeint ist Professor Robert Havemann.

Kamasutra: Kamasutra – Buch der Liebeskunst von Watsjajana (Altindien).

Orgelkonzert: In der Reihenfolge der Zitate werden angeführt: Johann Christoph Altnikol, Robert Schumann, Johann Gottfried Herder und Abraham a Santa Clara.

Jiří Mahen (1882–1939): Tschechischer Dichter und bedeutender Inspirator des literarischen Lebens, beging Selbstmord; das Zitat bezieht sich auf das Café Slavia in Brünn, das in den zwanziger und dreißiger Jahren ein bekannter Künstlertreffpunkt war.

Hinter der Front: In der Nacht vom 20. zum 21. August 1968 marschierten Truppen Bulgariens, der Deutschen Demokratischen Republik, Polens, Ungarns und der Sowjetunion in die Tschechoslowakei ein.

Der Mantel: Vladimír Holan, geb. 1905, tschechischer Dichter, lebt in Prag. Isgotowljeno w GDR (Betonung: isgotowljéno): Hergestellt in der DDR.
Mein Freund, ein Dichter der Liebe: March (Morava) – Fluß in Mähren; im Unterlauf Grenzfluß zu Österreich.
Aber Helden: Mot.-Schütze – Angehöriger einer motorisierten Schützeneinheit. Roter Treff – Zusammenkunft zur (ideologisch gelenkten) Diskussion aktueller politischer Ereignisse. Buschfunk – Verbreitung von Informationen und Gerüchten durch Weitersagen von Mann zu Mann. EK – Entlassungskandidat. ND – »Neues Deutschland«, Zentralorgan der Sozialistischen Einheitspartei Deutschlands; Tageszeitung in der DDR. Alexander Dubček – vom 4. Januar 1968 bis 17. April 1969 Erster Sekretär der Kommunistischen Partei der Tschechoslowakei.
Vítězslav Gardavský: Geb. 1923, Studium der Philosophie und Philologie an der Karlsuniversität Prag, 1964 Promotion mit einer Arbeit über den deutschen Katholizismus, 1967 Habilitation zum Thema »Das Phänomen Deutschland«; 1966/67 Essayserie »Gott ist nicht ganz tot« in der literarischen Wochenzeitung »Literární noviny«, Prag (Vorabdrucke aus dem gleichnamigen Buch); 1969 »Hoffnung aus der Skepsis« (deutsch: München 1970). Prosetín – Dorf auf dem böhmisch-mährischen höhenzug.
Begräbnis: Motol – im äußersten Westen gelegener Stadtteil von Prag.
Bericht eines Prager Fassadenglasreinigers: Fäkalisator – Kloakenarbeiter.

124

Post aus Böhmen: Die Zitate wurden an einigen Stellen leicht abgeändert, ihre Aussage entspricht jedoch genau der des Originals. Interlinearübersetzung – allseitig erläuterte wortwörtliche Übersetzung (vorwiegend von Gedichten); Interlinearübersetzungen ermöglichen Gedichtübertragungen aus einer Sprache, die der Nachdichter nicht oder nur unzureichend beherrscht.

Pasteurella pestis: Pasteurella pestis – Pesterreger. Edvard Beneš – von 1918 bis 1935 tschechoslowakischer Außenminister, von 1935 bis 1938 und von 1945 bis 1948 Staatspräsident (»... stützte sich ... 46–48 ... auf reaktionäre Kräfte« – zitiert aus Lexikon A–Z in zwei Bänden, Enzyklopädie Volkseigener Verlag, Leipzig 1956).

Café Slavia: Oldřich Mikulášek, geb. 1910, tschechischer Dichter; ehemals Chefredakteur der literarischen Monatsschrift »Host do domu« (Der Gast ins Haus), herausgegeben vom Tschechoslowakischen Schriftstellerverband; lebt in Brünn. Jiří Kolář, geb. 1914, tschechischer Dichter und bildender Künstler; war in den fünfziger Jahren inhaftiert; lebt in Prag. Antonín Bartušek (1921–1974), tschechischer Dichter; mußte von 1948 bis 1966 schweigen. Ludvík Kundera, tschechischer Dichter, Dramatiker und Übersetzer, lebt in Brünn. Jan Skácel, geb. 1922, tschechischer Dichter, letzter Chefredakteur von »Host do domu« (bis zum Verbot der Zeitschrift), lebt in Brünn.

Zur Aussprache der im Text vorkommenden tschechischen Eigennamen: Die Betonung liegt stets auf der ersten Silbe: á – langes a wie in Ahnung, c–z, č – tsch wie in Tschechoslowakei, e – kurzes ä wie in Wäsche, é – langes ä wie in Ähre, ě – kurzes jä wie in Jäckchen, h–h (niemals stumm), í – langes i wie in Sieb, ř – stimmhaftes rsch, s–ß wie in Kuß, š–sch, v–w (im Auslauf f), y – kurzes i wie in Sinn, ý – langes i, z – stimmhaftes s wie in reisen (im Auslaut ß), ž – französisches j wie in Journal (im Auslaut sch).

Für die in diesem Buch enthaltenen Übersetzungen aus dem Tschechischen © by Reiner Kunze.

Ich danke meiner Frau für ihre Selbstlosigkeit.
Ich danke Marcela, daß sie auch in den Jahren, in denen sie erst zu sich selbst finden mußte, ihren Vater nie verleugnet hat.
Ich danke unseren Freunden für ihr Verständnis und für ihre Hilfe.

126

Hundert Gedichte

1956–1981

Von niemandem vereinnahmbar
Erasmus von Rotterdam

DIE LIEBE

Die liebe
ist eine wilde rose in uns
Sie schlägt ihre wurzeln
in den augen,
wenn sie dem blick des geliebten begegnen
Sie schlägt ihre wurzeln
in den wangen,
wenn sie den hauch des geliebten spüren
Sie schlägt ihre wurzeln
in der haut des armes,
wenn ihn die hand des geliebten berührt
Sie schlägt ihre wurzeln,
wächst wuchert
und eines abends
oder eines morgens
fühlen wir nur:
sie verlangt
raum in uns

Die liebe
ist eine wilde rose in uns,
unerforschbar vom verstand
und ihm nicht untertan
Aber der verstand
ist ein messer in uns

Der verstand
ist ein messer in uns,
zu schneiden der rose
durch hundert zweige
einen himmel

RUDERN ZWEI

Rudern zwei
ein boot,
der eine
kundig der sterne,
der andre
kundig der stürme,
wird der eine
führn durch die sterne,
wird der andre
führn durch die stürme,
und am ende ganz am ende
wird das meer in der erinnerung
blau sein

ABER DAS GRAS UNTER DEN FÜSSEN

1
Da du im hinterhaus wohnst,
liegt um mitternacht
auf der treppe zu dir
kein lichtschein der straße

Ich geh ein paar schritte auf stein,
klopf mit dem fuß an das holz
der ersten stufe,
taste, berühr das geländer mit dem ellenbogen,
steige spür vor der brust eine schranke
Die treppe führt höher im winkel
Ich strecke die finger wie fühler,
steige greife die kühle feuchte wand
wende mich wieder im winkel
steige
bis keine stufen mehr sind

Dein mund ist ein vogel
zwischen zwei flügelschlägen

Dein mund muß fliegen

2
Der morgen steht auf der treppe,
wartet

Ich schließe die tür, leis
In einer stunde
wirst du die treppe hinabsteigen,
springen wie ich

Wir werden
die steine in den weg treten,
aber das gras unter den füßen
wird wieder aufstehn

HYMNUS AUF EINE FRAU BEIM VERHÖR

Schlimm sei gewesen
der augenblick des
auskleidens

Dann
ausgesetzt ihren blicken habe sie
alles erfahren

über sie

DAS ENDE DER FABELN

Es war einmal ein fuchs...
beginnt der hahn
eine fabel zu dichten

Da merkt er
so geht's nicht
denn hört der fuchs die fabel
wird er ihn holen

Es war einmal ein bauer...
beginnt der hahn
eine fabel zu dichten

Da merkt er
so geht's nicht
denn hört der bauer die fabel
wird er ihn schlachten

Es war einmal...

Schau hin schau her
Nun gibt's keine fabeln mehr

DAS ENDE DER KUNST

Du darfst nicht, sagte die eule zum auerhahn,
du darfst nicht die sonne besingen
Die sonne ist nicht wichtig

Der auerhahn nahm
die sonne aus seinem gedicht

Du bist ein künstler,
sagte die eule zum auerhahn

Und es war schön finster

PHILOSOPHIE
(für Elisabeth)

Wir ertragen den mittag,
wo das steinerne gesetz der ufer
die milde des grases walten läßt
Die feuchtigkeit der felsen und das
                              sonnengesprenkel,
das aus den blättern fällt,
sind salamander,
die auf unsren nackten rücken liegen
und dösen
Das wassergras schweigt
unzählbare blüten
Der nachbar nagelt um das wörtchen *mein* vor den
                              erdbeeren
einen zaun

An der Thaya, sagst du, überkomme dich
undefinierbare sehnsucht

Gehn wir in den fluß,
die sehnsucht definieren

IN DER THAYA

Ich zerteile den himmel, zerteile die wälder
im steinkühlen wasser der Thaya,
auf dem sich die stille spiegelt
Der druck des flusses
hebt den druck auf über dem herzen

Erinnerungen streife ich ab an den schatten der
felsen,
plädoyers der fiebernächte, bilder, die das fieber
schüren
wie mikroben:
Mißtrauen hinter den wänden die einstürzen
werden davon
die gleich einstürzen werden:
Seht ihr's wie in seinen händen eine rose aufblüht?
Seht ihr's nicht? Eine rose
Wir aber sind nicht für rosen
Wir sind für die ordnung
Wer für die rose ist,
ist gegen die ordnung
Gleicht ein rosenblatt dem andern? Seht nur!
Und wie viele sie hat
Sie ist das chaos
Er will das chaos
Was aber ist denn das chaos?
Es ist der untergang der ordnung
Bewacht ihn! Er will den untergang der ordnung

Seht nur – wie sie alle nach der rose blicken
Er bringt die ordnung um die blicke, der verräter!
Da, da – ein dorn! Seht ihr nicht? Sie hat einen dorn
Hilfe! Wir verbluten! Die rose hat uns angegriffen
Wir sind für die ordnung
Sie hat die ordnung angegriffen
Verurteilt die rose! Verurteilt seine hände!
Er ist ein feind der ordnung
Schließt ihn aus der ordnung aus!
Verurteilen! Verurteilen!...

Den himmel zerteile ich, wälder
im steinkühlen wasser der Thaya,
auf dem sich die stille spiegelt
Angenehm knackt das rückgrat
und streckt sich

NACH EINEM REGEN IN MĚLNÍK

Bei Mělník lädt die Moldau
ihr stück himmel in die Elbe ab,
die es in schnellem bogen auffängt
(hin und wieder nur bricht eine ecke blau
am weinberg aus,
der die splitter den weinstöcken gibt)
Die Elbe, erdbraun von den bergen kommend,
klärt sich in der scherbe himmel,
die in ihr versinkt

Dann sind die flüsse einen augenblick lang
nichts als strömende wasser
und tragen das blau,
wie es sich auf ihrer tiefe spiegelt
und ihr spiegel es faßt

Du weißt nun, was ich denke,
während wir roten *Ludmila* trinken

ANKUNFT IN MEINER STADT

1
Über die grenze des großen erlebnisses kommend,
fröstelnd noch im mantel der reise,
gehe ich wieder durch meine stadt

Sie bindet
den morgen von der stille los

Das ticken der absätze in den gäßchen,
das läuten,
das abspringt von der straßenbahnklingel,
das vornehme türenschlagen des autobesitzers,
der sprengwagen
für eine illusion von tau auf dem asphalt
lassen die glocke über der stadt
dünner werden
Sie beginnt zu summen

Die sonne schließt das grau auf

Die stadt
läßt alle farben auf die straße
Die pastells der häuserwände sind da
mit einemmal:
Ich bin die erste! Nein, ich! Ich!
Aus den straßenbahndepots
schwenkt ratternd das elfenbein,

aus den garagen rollen
das hellblau mit dem gürtel des taxi
das dunkelgrün der polizei
das lindgrün irgendeines autos
das rot der feuerwehr
das schwarz der städtischen bestattung
das gelb der post

Die stadt
mischt gerüche unter die farben,
den ledergeruch aus dem schuhgeschäft,
dessen offene tür
die kehrfrau mit dem besen verstellt,
den bierdunst aus dem ventilatorloch des
                                        restaurants
die parfürms der seifen aus der drogerie
den duft der kaffeerösterei
den fischgeruch des Fisch-konsums
den tabakgeruch vom holz des kiosks
den moderatem eines hausflurs
die stickige luft aus den fenstern
meiner fakultät
Lavendel veilchen rose
plakatieren
mit einem hauch

Ich gehe durch die nähe
der gebadeten haut einer jungen frau

Giftig süß betäubend
ist die schale
meiner stadt

2

Von einem brunnen weiß ich im süden Mährens,
der einschläft,
das moos unterm arm

Wie ein messer dringe ich unter die schale
meiner stadt
Ich schneide
bis an den kern:

Kein tropfen quillt
solchen wassers

3

Nun werde ich in meinen träumen
lange unterwegs sein

Ich werde
durch die stille gehn des parkenden lärms,
der karrieren, die auf den plätzen halten und an
den bordsteinen

Durch das hellblau mit dem gürtel des taxi,
das kreisen wird wie ein elektron,
bäume hexend,
wenn es die bahnen des gelb kreuzt,
werde ich hindurchgehn,
die schweinwerfer seines luxus mit den wimpern
zerteilend

Entlangeilen werde ich
am dufte nackter haut
(um mehr
als nur erinnerung zu retten)

Unzählige schienenlücken
werden die wiesen meines schlafes zertrümmern

Einer
wird mit dem bleistift an den mond klopfen
und sagen:
Dobrý den! Československá pasová kontrola
Kam jedete, pane?
Wohin fahren Sie?
Und ich werde sagen:
zu einem brunnen im süden Mährens,
der einschläft,
das moos unterm arm
Und er
wird salutieren, als hätte ich
die tschechoslowakische hymne gesungen

Und ich werde fahren fahren

Um jeden morgen zu erwachen
als dichter

GESPRÄCH MIT DER AMSEL

Ich klopfe an bei der amsel
Sie
zuckt zusammen
Du? fragt sie

Ich sage: es ist still

Die bäume
loben die lieder der raupen, sagt sie

Ich sage: ... der raupen?
Raupen können nicht singen

Das macht nichts, sagt sie,
aber sie sind grün

DER HOCHWALD

Der hochwald erzieht seine bäume

Sie des lichtes entwöhnend, zwingt er sie,
all ihr grün in die kronen zu schicken
Die fähigkeit,
mit allen zweigen zu atmen,
das talent,
äste zu haben nur so aus freude,
verkümmern

Den regen siebt er, vorbeugend
der leidenschaft des durstes

Er läßt die bäume größer werden
wipfel an wipfel:
Keiner sieht mehr als der andere,
dem wind sagen alle das gleiche

DIE BRINGER BEETHOVENS
(für Ludvík Kundera)

Sie zogen aus, Beethoven zu bringen
jedermann
Und da sie auch eine schallplatte hatten
spielten sie zur rascheren einsicht
die sinfonie nr. 5 c-moll opus 67

Der mensch M. aber sagte,
es sei ihm zu laut, das
mache sein alter

Über nacht setzten die bringer Beethovens
maste an straßen und plätze
spannten drähte befestigten
lautsprecher und mit dem morgen
ertönte zur bessren gewöhnung
die sinfonie nr. 5 c-moll opus 67,
laut genug daß man sie hörte
auch in der ferne

Der mensch M. aber sagte, ihn schmerze der kopf,
ging heim gegen mittag schloß
türen und fenster und lobte
die dicke der mauern

Herausgefordert, knüpften die bringer Beethovens
draht an die mauern und hängten
lautsprecher über die fenster daß
durch die scheiben drang
die sinfonie nr. 5 c-moll opus 67

Der mensch M. aber ging aus dem haus und zeigte an
die bringer Beethovens;
doch jeder fragte ihn, was er habe
gegen Beethoven

Angegriffen, klopften die bringer Beethovens
am tore des menschen M., stellten als er es auftat
hinter die schwelle den fuß; die sauberkeit lobend
traten sie ein
Zufällig kam auch die rede
auf Beethoven
und zur belebung des themas hatten sie
zufällig bei sich
die sinfonie nr. 5 c-moll opus 67

Der mensch M. aber schlug mit der eisernen
                              schöpfkelle
ein auf die bringer Beethovens
Er wurde verhaftet zur zeit

Mörderisch nannten die tat des M.
anwalt und richter der bringer Beethovens
Doch hoffnung sei immer
Er wurde verurteilt

148

zur sinfonie nr. 5 c-moll opus 67
von Ludwig van Beethoven

Da trommelte M. und schrie
bis stille war

Er war schon zu alt, sagten die bringer Beethovens
Am sarge des M. aber, sagten sie,
stehn seine kinder

Und die kinder verfügten
daß gespielt werde
am sarge des menschen M.
die sinfonie nr. 5 c-moll opus 67

KINDERZEICHNUNG

Du hattest ein viereck gemalt,
darüber ein dreieck,
darauf (an die seite) zwei striche mit rauch –
fertig war
Das haus

Man glaubt gar nicht,
was man alles
nicht braucht

VON DER LIST, IM KREIS ZU GEHN
(auf der fahrt nach Südmähren; für Ludwig)

Mein kissen ist der mantel,
der am gepäcknetz hängt
Das futter meines schlafes,
vom funkenflug versengt,
ist unruh, weil die gedanken
bei dir, mein junge, sind
Man klagte in der krippe,
du seiest ein garstiges kind

Du wolltest nicht im kreise gehn
Bös, mit bockiger stirn,
bliebest du auf dem sandplatz stehn
Was in dem kleinen gehirn
sich abspiele, wisse man nicht
Gebrauche man gewalt,
seiest du nicht zu bewegen
Du habest fäustchen geballt
Und lasse man dich trotzen,
zöge dein eigensinn
dich wieder zur burg auf dem sandplatz,
zur unvollendeten, hin

Mein sohn, mein lieber junge,
wer könnte dich besser verstehn
als ich, dein vater, der heimlich –
während andre im kreise gehn –
flieht, um gedichte zu schreiben

Ich trotzte wie du ihren runden
(ich wollte ich selber bleiben):
Sie schritten im kreis mich in wunden

Geh mit den füßen im kreise,
bis du dir sicher bist,
daß du die schöpfung vollendest,
die sich mit ihnen dann mißt!
Mit den gedanken doch reise
hoch unterm himmel! Brich leise
den regenbogen schon ab   ˙
(das burgtor)! Hol dir herab
die steine, die glitzern im mond
(zum pflastern der serpentinen)!
Damit dann das märchen wohnt
in der burg –
                              Und dann schenkst du sie ihnen

VON DER LIST, NACH DEM
MITTAGESSEN ZU SCHLAFEN

Die andern, die artigen, schliefen
alle nach dem essen
Du nicht Dir fehle der wille
Du stündest selbstvergessen
im bett, erklärend
die welt hinterm fenster:
singt, vogel singt
Vergebens sei's, dich zu stören
Unter der hand, die dich zwingt,
unter dem wort, das dich straft,
kriechest du schweigend hervor
Kein wölkchen entgeh deinen blicken,
kein schatten, den es verlor
Du brächest aus in entzücken,
raschle im weinlaub der wind
Es helfe nicht zuspruch, noch strenge:
Du seiest ein garstiges Kind

Mein junge, ein guter deutscher
schläft auf kommando ein
Und wenn in Deutschland geschlafen wird,
darf keiner munter sein

Schlaf dir, damit dich fremder
wille nicht beugen kann,
unter der hand, die dich zwingt,
einen charakter an!

Schlimmer kannst du die menschen
nicht strafen, glaube mir
Und anders ihnen nicht helfen
Das aber will ich von dir

HORIZONTE
(dem dichter Jan Skácel)

Ich bin des regenbogens angeklagt,
und die großen farben Schwarz und Weiß
sitzen in vielen häusern
meiner stadt

Der himmel ihrer fenster erstarrt,
wenn ich die straße betrete
(Als das kümmerliche etwas,
das auf meiner hand lag,
wie ein regenbogen schimmerte
und die großen farben Schwarz und Weiß
                              erschreckte,
sagte ich: einmal wird es blühen,
Und ich schloß die hand
Nun wissen sie, ich trage es bei mir)

Auf ihrer rotationsmaschine neben meinem schlaf
vervielfältigen sie für den kommenden tag
das verschweigen
(Denn unheimlich ist den großen farben Schwarz
                              und Weiß
das lebendige
Die poren, mit denen es atmet,
verschließen sie
So kann es nicht aufblühn)

Zwischen den großen farben Schwarz und Weiß aber
ist eine große lücke
Durch diese lücke floh ich

Nun weiß ich:
Viele möglichkeiten hat die rose

GRUSS F. P.

Drei zickzack
drei pinselstriche
horizont mit großem kreis:
drei segelschiffe fahren vor die sonne
und holen licht

DER VOGEL SCHMERZ

Nun bin ich dreißig Jahre alt
und kenne Deutschland nicht:
Die grenzaxt fällt in Deutschland wald
O land, das auseinanderbricht
im menschen

Und alle brücken treiben pfeilerlos

Gedicht, steig auf, flieg himmelwärts!
Steig auf, gedicht, und sei
der vogel Schmerz

DREIBLICK

1
Greiz grüne
zuflucht ich
hoffe

Ausgesperrt aus büchern
ausgesperrt aus zeitungen
ausgesperrt aus sälen

eingesperrt in dieses land
das ich wieder und wieder wählen würde

hoffe ich
mit deinem grün

2
Ich hoffe
mit jedem axthieb geführt
bei strafe des verdurstens

DIE ANTENNE

1
Sie abzusägen, drohte
die straße

Die antenne flüchtete
unter den first, hier

zeigte auf sie
das haus

Die antenne flüchtete
ins zimmer, hier

zeigten auf sie
die wände

Die antenne flüchtete
in den kopf, er

bot sicherheit

2
Vorerst

DAS PLAKAT

Gescholten schlugst
an meiner tür du an
das plakat: einen

löwen

handgemalt handgroß

Ein zirkuslöwe: hochgeschnellt
die hinterpfoten als
mache er handstand geschlossen
die grimmigen augen harrend schien's des
peitschenknalls

Tochter, nie
gelang mir dieses kunststück

BILDHAUERETÜDE
(für Elly-Viola Nahmmacher)

Auch nach dem sturz
stirbt der baum im baum
nur langsam

Wie im menschen der mensch

Ihm den
kern nehmen,
aushöhlen ihn

Das
macht brauchbar

SENSIBLE WEGE

Sensibel
ist die erde über den quellen: kein baum darf
gefällt, keine wurzel
gerodet werden

Die quellen könnten
versiegen

Wie viele bäume werden
gefällt, wie viele wurzeln
gerodet

in uns

UNGARISCHE RHAPSODIE 66
(für Tibor Déry)

Der schaffner kam in der uniform
eines postillions

In der schwarzen ledertasche auf der hüfte hatte er
die Donau diesen schweren
doppelbrief, versiegelt
mit einem mohnfeld wie
mit einem blutfleck

Budapest schimmerte durch den umschlag
wie vor dem gewitter

Ich durfte nicht öffnen, doch
lange las ich auf der pußta nachts
die steile schrift der blitze

164

KLEINE REISESONATE

Allegro vivace
Wie der hahn durchs zaunloch,
geduckt, den schnabel fast
am boden, die flügel
angelegt, so
zwängte ich mich
unter dem schlagbaum hindurch

Ich hatte nichts bei mir außer
meinem hunger nach der welt

Böhmen Mähren Slowakei – ein flügelschlag,
Ungarn ein zweiter, dann
schüttelte ich mich,
reckte mich
und krähte

Und da die sonne nicht kam,
pickte ich
ein korn

Auch in Rumänien wächst der mais
nicht in den schnabel

Adagio
Kronstadt, angeschmiedet
an den fuß der Karpaten und an

meinen, ich
darf nicht weiter

Nein, keinen bruder habe ich in Bukarest, nur
brüder

Brâncuşi aber zählt nicht

Und irgendwo hoch die sonne Rumäniens, harter
dollar, kaum einzuhandeln gegen
freundliche gefühle

Scherzo
Siebentageregen über Bukarest

Doch die freunde
rollten einen großen weißen käse durch die straßen,
                                                    leuchtend –
eine sonne, ihre bärte
hielten sie wie schirme

Alle züge endeten in Prag

(Anstelle eines trios)
Von der messerspitze kosteten wir
schafskäse und
verse

Der käse, freunde, war
gesalzener

Allegro ostinato
Zerknittert, ein
ein-leu-schein, zerdrückt
in dunklen taschen Rumäniens, gewechselt
im regen, zerknüllt
zwischen faustgroßen erdbeeren, hühnern (lebendig
gebündelt), rosen, knoblauch, hingestülpt
in den bukarester trolleybussen, die
im sprung genommen werden wie
steppenpferde, betastet
von kellnerfingern, dichterfingern, fingern
der miliz, in
bruderhänden gehalten,
handwarm,
so

erwachte ich, zurückerstattet
meinem vaterland, geprüft
auf echtheit, dreimal
gewendet, doch

unerkannt und
mit heimlichen fingerabdrücken
neuer freunde

VON DER NOTWENDIGKEIT DER ZENSUR

Retuschierbar ist
alles

Nur
das negativ nicht
in uns

ERINNERUNG AN GREIZ

Häuserhänge wie
von naiven gemalt, längs
der dächer führn straßen schornsteine stehn
wie kilometersteine

Am schloßturm
fahnen, ausgehängt nach
ost und west, zwei
taube ohren

Der kirchturm eine schusterale
für die schuhe gottes

Wälder wälder, auszuschweigen
das wort

DEZEMBER

Stadt, fisch, reglos
stehst du in der tiefe

Zugefroren
der himmel über uns

— — —

Überwintern, das
maul am grund

170

ERSTER FRÜHLINGSTAG

Frauen ich sehe euch
fenster putzen

Und der himmel, der schillernde vogel,
wird sich in eure gläsernen fallen stürzen bis zum
abend bis
sein entzündetes auge verglüht, der
graue erblindete vogel, der
schwarze vogel, dessen
gelbes auge euch nackt sieht

Frauen ich sehe euch
fenster putzen

Am abend werden sie das licht
weitersagen wie gute worte wie
verschämte worte wie
worte hinter vorgehaltener hand wie
ungewollte worte

Frauen ich sehe euch
fenster putzen

Daß der tausendschwänzige regen
wenigstens nicht diese nacht
gegen die scheiben schlage, schlagen
alle fenster ein kreuz

REITER ZWISCHEN TAG UND TAT

Die vögel zersingen den schlaf

Die gedanken
geben dem herzen die sporen

Sie sprengen davon, während ich
liege

Sie werden es zuschanden reiten, wenn ich
nicht aufsteh

RADFAHREN

Ablenken, hin
zu den wäldern

Die autofahrer lächeln
wie erwachsene

Und wirklich, im wald
auf ästelndem pfad, knarrt
die kinderknarre in den speichen

Wenn wir absteigen
wie von einem schüttelsieb, ist der geist
feiner sand

und lockt zum spielen

SERENADE IM SOMMERPALAIS

Der gartensaal ein schwerer leuchter

Ein spalier von kerzen
dem allegro, das
durch jahrhunderte kommt

Geschlossenen auges greift
der cembalist, ein
erleuchteter

Erleuchtung bricht
aus kunst und fuge

Wir sitzen
unbewegt, als brenne auch in uns
eine kerze

Dann, im park,
fliegen schwarze käfer davon, geigenkästen
unterm arm, stadtein
gehn sie zufuß (unterm mantel für kühlere abende
hängen die schwarzen flügel hervor)

Wir gehen hinterher und suchen
goldene brücken

DER APFELESSER
(für R. W.)

Deine neigung galt
den abgefallenen

Als verneigtest du dich

Mit denen
mache keiner sich die müh, sie aber
seien die reifsten

Du stiegst durch gras und kraut
wie durch die zeit

Fällt mir 'ne hübsche
geschichte ein

In jeder
zehn schwarze weisheiten

Sauer
ist die erfahrung dessen, der
nur dem apfel glaubt
am ast

ZWEITES GEDICHT
ÜBER DAS FENSTERPUTZEN

Den rahmen säubern
von der möglichkeit des gitters, den wirbel
von der möglichkeit des galgens, den sims
von der möglichkeit des letzten schritts

Die scheiben putzen, nichts
trübe den blick

Atmen
den frieden der fenster die
nachts nicht verschweigen müssen
ihr licht

JEDER TAG
(für Elisabeth)

Jeder tag
ist ein brief

Jeden abend
versiegeln wir ihn

Die nacht
trägt ihn fort

Wer
empfängt ihn

BESUCH IN MÄHREN
BIS NACH MITTERNACHT

Zäh widersetzte der hand sich
die wegwarte

Bei Halas am grabstein, erbarmungslos
wie die wahrheit, welkte sie
bevor wir gingen

Von den straßenbäumen hingen
fledermäuse aus grummet

Die freundesseufzer
über so viel zwetschen, so viel
nicht geschriebene sätze, spießten wir
auf angespitztes holz, im reisigfeuer
brieten sie
mundgerecht

Der Große wagen wartete
am rain

Wir stiegen ein, in jedem arm
einen zwetschenbaum, leere räume hinterlassend
in des hausherrn garten

Langsam
würden sie sich füllen
mit zeit

178

BEI E. IN VŘESICE

Er nahm uns auf die töpferscheibe
und formte krüge aus uns

Skácel fiel barock aus
wie der zwiebelturm von Sulíkov

Kundera geriet auf eigenen wunsch
dreieckig (kunststück)

Unterm sanften druck der hände wurde ich
ein krug aus Mähren

Dann füllte uns der meister
mit löwenzahnwein

Als wir gingen, schwer
wie steingut, schlug mir der apfel am baum

gegen die stirn

EINLADUNG
ZU EINER TASSE JASMINTEE

Treten Sie ein, legen Sie Ihre
traurigkeit ab, hier
dürfen Sie schweigen

AUS: EINUNDZWANZIG VARIATIONEN
ÜBER DAS THEMA »DIE POST«

1
Wenn die post
hinters fenster fährt blühn
die eisblumen gelb

2
Brief du
zweimillimeteröffnung
der tür zur welt du
geöffnete öffnung du
lichtschein,
durchleuchtet, du
bist angekommen

3
Tochter, briefträgerin vom
briefkasten bis zum
tisch, deine stimme ist
das posthorn

4
O aus
einem fremden land, sieh
die marken... Wie
heißt das land?

– – –

Deutschland, tochter

5
O ist
die marke schön: der wolf und
die sieben geißlein und
seine pfote ist
ganz weiß... Wer
hat den brief geschrieben?

Vielleicht
die sieben geißlein,
vielleicht
der wolf

... der wolf ist tot!

Im märchen, tochter, nur
im märchen

182

8
O freude des frankierens

Der brief ist
ein weißer hals
die marke
das amulett

der brief ist
eine wolke
die marken
sind vögel

der brief ist
schnee
die marken
sind mäuse

der brief ist
das tischtuch
die marken
sind rosen

(schalterbeamte ihr
entwertet ein
kunstwerk)

13
Tochter, schwer
fällt das warten bis
der zug kommt bis
er abfährt bis
wir aussteigen

Doch wenn man stirbt
zwischen zwei briefen

15

Bad Godesberg, 4. 9.
»... wir haben die Nachforschungen nach dem
letzten Einschreibebrief bei der Post eingeleitet:
bisher noch ohne Ergebnis...«

Bad Godesberg, 10. 9.
»... vielen Dank für Ihren letzten Brief, dem ich
entnehmen muß, daß Sie auch mein letztes
Schreiben nicht erhalten haben...«

Bonn, 26. 10.
»Zu dieser Postsache: Sie landete wohl dort, wo
wir vermuteten, denn wir erhielten die Bestäti-
gung. Der Brief wurde an Sie nicht weitergelei-
tet...«

Briefe ihr
weißen läuse im
pelz des vaterlands, wartet,
die post ist
ein kamm!

17
Briefträger sein

Tag für tag
erwartet werden, eine
hoffnung sein, das unüberbrückbare
überbrücken mit
jedem schritt

Briefträger sein

Tag für tag
bis vor die türen der menschen gehen, nicht
eintreten dürfen

20
(unserer briefträgerin der
vielgeschmähten: IST DAS ALLES?!)

Einmal,
nach einem sehr schönen brief,
werde ich ein fest geben für
briefträger, die briefe austragen
aus leidenschaft, für
schalterbeamte, die grasgrüne marken
zum blühen bringen, ein
fest von
hier
bis
zum
briefkasten

21
(dem tod)

Eines morgens
wird er läuten als
briefträger verkleidet

Ich werde ihn
durchschauen

Ich werde sagen: warte bis
der briefträger vorüber ist

ZIMMERLAUTSTÄRKE

Dann die
zwölf jahre
durfte ich nicht publizieren sagt
der mann im radio

Ich denke an X
und beginne zu zählen

KURZER LEHRGANG

Dialektik
Unwissende damit ihr
unwissend bleibt

werden wir euch
schulen

Aesthetik
Bis zur entmachtung des
imperialismus ist
als verbündet zu betrachten

Picasso

Ethik
Im mittelpunkt steht
der mensch

Nicht
der einzelne

PFARRHAUS
(für pfarrer W.)

Wer da bedrängt ist findet
mauern, ein
dach und

muß nicht beten

RÜCKKEHR AUS PRAG

Dresden frühjahr 1968

Eine lehre liegt mir auf der zunge, doch
zwischen den zähnen sucht der zoll

FAST EIN FRÜHLINGSGEDICHT

Vögel, postillione, wenn
ihr anhebt kommt der brief
mit dem blauen siegel, der dessen briefmarken
aufblühn dessen text
heißt:

Nichts
währt
ewig

DER WEG ZU EUCH

Es ist so leicht, den weg zu uns zu finden.
(Jan Skácel)

Es war so leicht den weg zu euch zu finden

Aus wolken und wäldern die
aus den nähten platzten fanden sie ihn
noch nachts

Über kimme und korn
kürzten sie ab, die tore standen
angelweit, verwunderung
bis an die schwellen

In der finsternis, die sie
vor sich herschoben,
verirrten sie sich

Sie richteten sich ein
auf den brücken

Und statt der achsen hörte man
im schlaf die menschen stöhnen

Nun ist es schwer den weg zu euch zu finden

DER SOMMER GEHT WEG

Die distel schmeichelt mit weichem fell

Die mohnblume wirft ihr kleid ab
wie eine schwangere

Die kamille franzt aus
an den knöpfen

Die wegwarte schließt sich
und ergraut

PUSCHKINS MICHAILOWSKOJE

»Die front ging hier
durch den garten«

Beklommen, doch
ohne schuldgefühl

Verzeiht

Wer immer
die angreifer wären hier jetzt zum gegner hätten sie
mich

Wer immer einfallen wird
in die offenen gärten der dichter

REDE AUF RUSSLAND
(für Alexander Solschenizyn)

Mütterchen Rußland, in den achselhöhlen
wälder mit elchen und wölfen

Dich preisend
holen deine braven söhne mit den armen aus
fast bis zum himmel

Als seien ihre worte
hufnägel, die es einzuschlagen gilt
mit bloßer faust

Als beschlügen sie ihr gewissen
mit eiserner überzeugung

Verlegen lassen sie die arme
sinken und lächeln, frage ich
nach ihren brüdern nahe deinem
herzen

MEDITIEREN

Was das sei, tochter?

Gegen morgen
noch am schreibtisch sitzen, am hosenbein
einen nachtfalter der
schläft

Und keiner weiß vom anderen

NACH DER GESCHICHTSSTUNDE

Die damals, der
Tamerlan war der
grausam: zehntausende seiner gefangenen ließ er
binden an pfähle, mit mörtel und lehm
übergießen lebendig
vermauern

Tochter, die teilweise ausgrabung
jüngster fundamente
wird bereits
bereut

ERSTER BRIEF DER TAMARA A.

Geschrieben habe dir
Tamara A., vierzehn jahre alt, bald
mitglied des Komsomol

In ihrer stadt, schreibe sie, stehen
vier denkmäler: Lenin
                    Tschapajew
                    Kirow
                    Kuibyschew

Schade, daß sie nichts erzähle
von sich

Sie erzählt
von sich, tochter

/

200

UMSTEIGEN IN S.

Am bus
die eltern

Wir wollten dich nur sehn

Die augen der mutter
randvoll mit vorwürfen gegen
den vater der
schweigt

Das leben leer
und tote strecken unter tage

Geblieben
der alkohol und
der sohn der

weiterfährt

AUF DICH IM BLAUEN MANTEL
(für Elisabeth)

Von neuem lese ich von vorn
die häuserzeile suche

dich das blaue komma das
sinn gibt

WIE DIE DINGE AUS TON

Aber ich klebe meine hälften zusammen
wie ein zerschlagener topf aus ton.
(Jan Skácel, brief vom februar 1970)

1
Wir wollten sein wie die dinge aus ton

Dasein für jene,
die morgens um fünf ihren kaffee trinken
in der küche

Zu den einfachen tischen gehören

Wir wollten sein wie die dinge aus ton, gemacht
aus erde vom acker

Auch, daß niemand mit uns töten kann

Wir wollten sein wie die dinge aus ton

Inmitten
        soviel
                rollenden
                        stahls

2

Wir werden sein wie die scherben
der dinge aus ton: nie mehr
ein ganzes, vielleicht
ein aufleuchten
im wind

RÜCKKEHR AUS DER
VERSAMMLUNGSSTADT

Den wald hinter sich schließen, die tür
voller gesang

Aus ihrer schwarzen füllung bricht bei nacht
das wild

Im ohr das rauschen der fichten: das tonband das
im kopf schrillt, wird
gelöscht

GEGENWART

Was ich verwahre hinter schloß und siegel?

Keine konspiration nicht einmal
pornografie

Vergangenheit, tochter

Sie zu kennen kann
die zukunft kosten

AUCH EIN WINTERGEDICHT

Kernbeißer, seltener fenstergast

Treibt dich der frost her?
Vielleicht sogar aus dem böhmischen?

Beißen die freunde den kern?

Wir dachten, sie könnten den frühling
erfliegen

Aber der frühling muß
kommen

Wir müssen den kern beißen

Der winter wird hart sein und lang

NOCTURNE

Schlaf du kommst nicht

Auch du
hast angst

In meinen gedanken erblickst du
den traum deinen
mörder

IN MEMORIAM JOHANNES BOBROWSKI

Sein foto
an den anschlagsäulen

Jetzt

Der nachlaß ist
gesichtet, der dichter
beruhigend tot

WOLF BIERMANN SINGT

Im zimmer kreischt die straßenbahn,
sie kreischt von Biermanns platte,
der, als er die chansons aufnahm,
kein studio hatte

Er singt von Barlachs großer not,
die faßt uns alle an,
denn jeder kennt doch das verbot
und hört die straßenbahn

AUF EINEN VERTRETER DER MACHT ODER GESPRÄCH ÜBER DAS GEDICHTESCHREIBEN

Sie vergessen, sagte er, wir haben
den längeren arm

Dabei ging es
um den kopf

GEBILDETE NATION

Peter Huchel verließ die
Deutsche Demokratische Republik
(nachricht aus Frankreich)

Er ging

Die zeitungen meldeten
keinen verlust

GRENZKONTROLLE
(für L. und D. in Frankfurt)

In euren pässen standen
die absender eurer briefe

Zwischen front- und heckscheibe des wagens
im blickfeld des wachturms:

mikroben unterm mikroskop

erreger mensch

ZUFLUCHT NOCH HINTER DER
ZUFLUCHT
(für Peter Huchel)

Hier tritt ungebeten nur der wind durchs tor

Hier
ruft nur gott an

Unzählige leitungen läßt er legen
vom himmel zur erde

Vom dach des leeren kuhstalls
aufs dach des leeren schafstalls
schrillt aus hölzerner rinne
der regenstrahl

Was machst du, fragt gott

Herr, sag ich, es
regnet, was
soll man tun

Und seine antwort wächst
grün durch alle fenster

DIE KUNSTBEFLISSENEN HÄHNE
VON LEININGEN

Fiele dem einen
das *a* ein, würde er krähen
b – a – c – h

Man schätzt ihn
als meister der variation

(*Reger* ist hier nur
ein komparativ)

Der andre kräht vollendet ein motiv
aus Smetanas böhmischen tänzen

Ich lausche, beschämt von den hennen

Im spiegel des geöffneten fensters
picken sie vom schreibtisch mir

das wurmige

VON DER NOTWENDIGKEIT,
EIN AUTO ZU KAUFEN

Seufzer gibt's die
absplittern von der seele

So
seufzte die mutter

Fremd wie die welt eines tiefseefischs
ist das bücherschreiben des sohnes

Auf einer radiowelle
kommt sein name geschwommen

Doch:
Was bringt das ein

Andre söhne holen ihre eltern ab
im auto

SELBSTMORD

Die letzte aller türen

Doch nie hat man
an alle schon geklopft

GRÜNDE, DAS AUTO ZU PFLEGEN

Schon wieder in der garage!
(die tochter beim anblick des verlassenen
schreibtischs)

Wegen
der großen entfernungen, tochter

Wegen der entfernungen
von einem wort zum andern

MÖGLICHKEIT, EINEN SINN ZU FINDEN
(für M.)

Durch die risse des glaubens schimmert
das nichts

Doch schon der kiesel
nimmt die wärme an
der hand

ABBITTE NACH DER REISE

Keinen alkohol!
(die frau als arzt)

1
Standhaft enthielt sich die leber
in Pilsen des bieres

Einen fehltritt tat sie
auf dem weinberg bei Mělník (von erinnerungen
                                                überredet
an den großen regen der unser
erstes gemeinsames dach war)

In einem weinkeller bei Znaim wo
jungwein brauste brach sie aus
aus der zwangsehe mit dem wasser (du weißt, die
                                                sonne
Südmährens, die alte
kupplerin)

2
Verzeih mir das alleinsein an dem tag den ich nun
früher sterben werde: die kehle, verstehst du, die
                                                kehle, der leber
trockene schwester . . .

TATSACHEN

1
Betrunkene rowdys hätten versucht
unruhe zu stiften in K., meldete am morgen
die presseagentur der hauptstadt

Einer habe sich
öffentlich verbrannt

Wer wird bestreiten daß
alkohol brennt

2
Der bevölkerung sei es gelungen die ruhe
wiederherzustellen, meldete die presseagentur
am abend

Wer wird die zugehörigkeit bestreiten
der fallschirmjäger zur bevölkerung

SOMMER IN L.

Die postfrau putzt den dorfbriefkasten als wolle
                                              sie ihm
einen schimmer hoffnung geben
auf einen brief

Die liegenden kühe drehen die ohren
wie helikopterschrauben, ohne sich
auch nur einen millimeter
vom boden abzuheben

Der bussard zieht seine kreise
bis ins blut

NACHTFAHRT

Ein licht vor sich herschickend, zufahren
auf ein licht

Auf die möglichkeit eines lichts

Auf einen lichtschalter der
nicht berührt werden wird

Unter dessen lampe
du schläfst

TAGEBUCHBLATT 74
(für Karl Corino)

1
Das waldsein könnte stattfinden
mit mir

(Nicht mehr bedroht sein
von allen äxten

Eine wasserader
unter den wurzeln)

2
Ich aber will nicht einstimmen
müssen

(Lieber immer neue äste treiben zu wehren
der axt

Lieber die wünschelruten der wurzeln
wieder und wieder verzweigen)

BEIM AUSPACKEN
DER MITGEBRACHTEN BÜCHER
(nach übersiedlung von der Deutschen Demokrati-
schen Republik in die Bundesrepublik Deutschland)

1
Hier dürfen sie existieren
unter ihrem namen
    Mandelstam Nadeshda
    Solschenizyn

Den undurchsichtigen klebestreifen
von ihren rücken entfernend, entferne ich von
                         meinem

den unsichtbaren sträflingsstreifen

2
Hier dürfen sie
existieren

Noch

IN DEN HIGHLANDS

Einmal, noch vor erschaffung des menschen,
versuchte sich gott als kupferschmied

So entstand
der herbst in den Highlands

Dann verließ gott die einsamen berge für immer

Er war noch jung,
aber schon gott

In den kesseln
blieb ewiges wasser zurück

Du kannst die geduld wiederfinden,
die gott hier verlor

LAWRENCE FOSTER DIRIGIERT

London, Royal Festival Hall

Mit daumen und zeigefinger der linken
zeigt er das öhr, durch das
der ton hindurch muß

Stich für stich
näht er mit dem taktstock
Schostakowitschs erste sinfonie
– das presto des finales
ein nadelblitzen

JAN BALET:
DER GAST, AQUARELL 4,3 × 6 cm

Er nahm platz am rechten tisch
und ist die mitte

Noch sein schatten
hat rückgrat

Doch möchte man hinausgehn
und den ober vorbereiten

auf so viel verletzbarkeit

ICH BIN ANGEKOMMEN

Ich bin angekommen

Lange ließ ich auf nachricht
euch warten

Ich habe getastet

Doch ich bin angekommen

Auch dies ist mein land

Ich finde den lichtschalter schon
im dunkeln

IM NACKEN DIE VERGANGENHEIT

Spaziergang im Taunus
Mitten im wald, den keine
grenze teilt, stellt mich
die grenze:
>der anstand des jägers ein
>wachturm

An der Donau unterhalb von Passau
Die grenze, über die ich blicke
auf Österreichs burg und buchen, ist

nichts als ein fluß

WO WIR WOHNEN
(für Felix, den enkel)

Dort wo am morgen der hahnenschrei
die autos im tal
um ein winziges übertönt

Um ein winziges

Komm, dem hahn zu helfen

DIE SILHOUETTE VON LÜBECK

Damit die erde hafte am himmel, schlugen die
                                          menschen
kirchtürme in ihn

Sieben kupferne nägel, nicht aufzuwiegen
mit gold

LEERE SCHNEESTANGEN, NORWEGEN, MITTE SEPTEMBER

In dieser steinöde werden sie
zu wesen

Als wollten sie den schnee auffangen
ohne arme

Und jede ganz auf sich gestellt
gegen die übermacht des himmels

LIEBESGEDICHT NACH DEM START
ODER
MIT DIR IM SELBEN FLUGZEUG

Sieh den schatten auf der erde den winzigen
schatten der
mit uns fliegt

So bleibt die größte unserer ängste
unter uns zurück

Nie ist die wahrscheinlichkeit geringer daß der eine
viel früher als der andere stirbt

TROST IN
ZEHNTAUSEND METERN HÖHE

Die erde ist uns sicher

Nur ist die erde
nicht sicher

Doch sollte sie sich auflösen
in unserer abwesenheit, könnten wir,
der schwerkraft ledig,

gleich weiterfliegen

MANHATTAN IM UNWETTER

Als wolle gott
es hinwegdrücken
   hinwegschwemmen
   hinwegschmelzen

So viele türme ohne glocken

ERASMUS VON ROTTERDAM

Er wußte, was brücken wissen: Sie verbinden
über wasser, was unter wasser
verbunden ist

Doch das eine ufer war sumpf,
das andere feuer

DAUERREGEN ÜBER PASSAU

Vom himmel stürzt der vierte fluß,
und die kuppeln des doms sind grün von tang

Der tag ist nahe, an dem in den straßen
der fisch springen wird

Und der kahn, jahraus jahrein angekettet unterm
brückenbogen,
erbebt vor hoffnung,

mit der stirn
den scheitel der brücke berühren zu dürfen

MITTERNACHT VORÜBER

Eine schrift, niedergebogen zur erde

Siebzehn sei sie   Und warum der mensch geboren
werde
in dieses leben   Und wenn auch der dichter

ihr's nicht sagen könne, wenn
auch er nicht, dann –

Was weiß er denn?

Daß ein gutes gedicht warten kann

Doch wie von diesem wissen abgeben, wie
abgeben davon

BESCHNEIDEN DER APFELBÄUME
IM WINTER

Mit den ihren
kappe ich alle zweige in mir die
hoch hinauswollen

Von neuem
auf die augen setzend

Und auf die äste nach außen

Durch die krone eines apfelbaums
muß ein mann mit korb hindurchgehn können, sagen
die alten gärtner

Und übergroßes leid und übergroße freude
müssen hindurchgehn können
durch uns

SCHREIBTISCH AM FENSTER,
UND ES SCHNEIT

Vögel sichern länger als sie
futter aufnehmen

Und wieder verharre ich
reglos

Euren tadel daß ich zeit vergeude
weise ich zurück

Stille häuft sich an um mich,
die erde fürs gedicht

Im frühling werden wir
verse haben und vögel

DIMENSION

Gern setze ich mich zum taubstummen, mit den
                                            lippen
wörter schälen

Zuhören kann fast nur noch der taube

Er *will* verstehen

Und nur der stumme auch weiß, was es heißt,
vergebens ums wort zu ringen

Hin und wieder ernennen wir uns durch zunicken
zu alten hasen (jeder im nacken
die meutefühlige narbe)

Gern setze ich mich zum taubstummen, mit den
                                            augen
hören, wenn ringsum sich die stimmen
überschlagen

KLEINE RECHENSCHAFT
NACH MÄHREN
(für Jan Skácel)

Was bleibt übrig, als sein heil zu suchen
in der demut der kleinen wortanfänge

Das ende schreibt sich immer klein

Das ende, wenn mit klirrendem gestänge
der sarg hinausgeschoben wird

Gott wohnt nicht bei den glocken,
und höher reichen wir nicht

ZU STERBEN BEGINNEN

Über der baumgrenze in uns, unterhalb
des wahnsinns, um ein weniges
versteinern

Hinabsteigen dann

An einer stelle
unverletzbar

AUF DEM KALVARIENBERG
BEI RETZ IM JANUAR

Auch der weinstock ist ein gekreuzigter

Wie er sich in seiner nacktheit krümmt, die arme
zur seite gebunden

Ganz die gebärde des erlösers
am sandsteinkreuz

Und *blut und wasser* wird zur beere, aus der sie
jahr für jahr
den süßen einträglichen wein keltern

Wie aus dem stein den glauben

So viele gekreuzigte auf dem weg zu dem einen

MIT DEN ELTERN IN DEN ALPEN

Die welt wird verglichen
mit den ansichtskarten, die siebzig jahre lang
die welt waren

Doch als die wolke
die seilbahngondel einschließt, findet das staunen der
mutter
zurück: ˮ
Wie wenn man einen kessel weißes wäscht und
macht
die waschhaustür nicht auf

Hättest du den weg verloren,
an ihren gleichnissen könntest du dich
nachhaustasten

HALLSTATT MIT SCHWARZEM STIFT

Halb hängend am gestein halb
ins wasser gepfählt

Todüber todunter

Vom fels der abschlägt erzählt
das beinhaus

Im türstock steigt der see auf
und die seelen der ertrunkenen
wohnen über der schwelle

Der bach reißt mauer und mensch
und bleibt im recht, das
beugt

NACHT IM SKAGERRAK

Nicht die unruhe nur der see ist's daß ich
den schlaf nicht teilen kann mit denen, mit denen ich
                               mich teile
in diese komfortable wiege

Wir begünstigten, gebettet
über unseren autos

Bewohner von ländern deren grenzen sichtbar
                                werden
in einer handbewegung die
erlaubt

Zwischen meinen gedanken
hocken im dunkeln
blinde passagiere,

und ich habe für sie kein licht

Nur der dichter durfte weggehn
über jene grenze die abdrückt
auch ohne hände

Für andere ist das gedicht keine lücke

DIE GROSSEN SPAZIERGÄNGE

Die großen spaziergänge, auf denen wir
nicht ins leere greifen

Immer geht die hand des andern mit

ANMERKUNGEN

motto: Von niemandem vereinnahmbar – freie über-setzung von Nulli concedo

philosophie: Thaya – fluß in Südmähren

nach einem regen in Mělník: Mělník – stadt über der mündung der Moldau in die Elbe

ankunft in meiner stadt: Dobrý den! Československá pasová kontrola. Kam jedete, pane? – Guten tag! Tschechoslowakische paßkontrolle. Wohin fahren Sie, mein herr?

horizonte: Jan Skácel – tschechischer lyriker, geb. 1922; lebt in Brünn

besuch in Mähren bis nach mitternacht: Halas – der dichter František Halas (1900 bis 1949), der in Kunštát begraben liegt

bei E. in Vřesice: E. – der töpfermeister Emil Ebr; Kundera – der tschechische schriftsteller und über-setzer Ludvík Kundera (geb. 1920); Vřesice, Sulíkov – kleine dörfer auf dem böhmisch-mährischen höhen-zug; löwenzahnwein – gibt es wirklich

erster brief der Tamara A.: Tschapajew – general Tschapajew (1877 bis 1919), legendärer kavallerist der russischen revolution; Kirow – enger mitarbeiter Stalins, dessen ermordnung 1934 die »große säube-rung« einleitete (Kirow wurde 1886 geboren); Kuiby-schew – ab 1927 mitglied des Politbüros (er lebte von 1888 bis 1935, todesursache ungeklärt)

in memoriam Johannes Bobrowski: Der autor starb
am 2. 9. 1965
gebildete nation: Peter Huchel verließ die DDR 1971
die kunstbeflissenen hähne von Leiningen: Leiningen
– dorf im Vogtland
abbitte nach der reise: Znaim – stadt in Südmähren
auf dem kalvarienberg bei Retz im januar: Retz –
niederösterreichische weinbaustadt; kalvarienberg
mit sandsteinskulpturen

Die gedichte wurden den bänden »auf eigene hoff-
nung«, S. Fischer 1981, und »gespräch mit der amsel
– frühe gedichte, sensible wege, zimmerlautstärke«,
S. Fischer 1984, entnommen und nach dem Entste-
hungsjahr angeordnet.

Inhalt

Die wunderbaren Jahre